JN190162

幼児教育の
エスノグラフィ

AN ETHNOGRAPHY OF
EARLY CHILDHOOD EDUCATION

日本文化・社会のなかで育ちゆく子どもたち

Japanese Culture, Society and Preschool Pedagogy

林 安希子 著　　ジョセフ・トービン 協力
AKIKO HAYASHI　　　JOSEPH TOBIN

明石書店

はじめに

　本書は、2015年にシカゴ大学出版局から出版した *Teaching Embodied: Cultural Practice in Japanese Preschools* をもとに、日本の読者に向けて執筆したもので、ジョセフ・トービンとの共同研究の成果である。

　「日本の子どもたちは、幼稚園や保育所で何を学んでいるのだろうか」「幼児教育者は、何を信じ、考え、どのように子どもたちと関わっているのだろうか」「幼稚園や保育所は、教育システムの一環として、どのような機能を果たしているのだろうか」。本研究では、エスノグラファとして、幼稚園と保育所のクラスに入り込み、詳細に行った観察とインタビューを通して、これらの疑問に迫った。ジョセフ・トービンと筆者にとって、日本の幼児教育は、現場で教えた経験がなく、未知のフィールドであった。アメリカで生まれ育ち、日本文化の研究を40年間続けているジョセフ・トービンと、日本で生まれ育ち、アメリカで研究者となるトレーニングを受けた筆者は、ともに日本に対しては馴染みがあり、また外部者としての視線を備えていた。私たちは、お互いがお互いの文化内の視点と異文化からの視点を駆使して議論を重ねた。文化人類学の視点からだけでなく、比較教育の視点も加えて研究を進めた。

　本書のタイトルにもある"エスノグラフィ"は、文化人類学で主な手法として用いられてきたものである。"エスノグラフィ"は、エスノグラファと呼ばれる文化的外部者が、ある場所（フィールド）に滞在し、そこの文化的内部者と生活を共にし、話を聞くという一連の過程を通して、その場所に住む人々特有の社会・集団様式・生活様式・振る舞い・思考を調査し、記録する行為やその調査書を指す。その際、文化的外部者の概念や言葉で現象を説明するのではなく、文化的内部者の概念や言葉に着目して体系的かつ組織的に書き記していくのが最たる特徴である。文化人類学は、フィールドワークに基づいたエスノグラフィを通して、文化の多様性を研究し、特定の文化・社会・共同体の詳細な報告を提供してきた。具体的な興味対象は、文化的意味、共有されている意味、隠れた文化的パターン、そして、それらが後世にどのように伝えられ、受け継がれていくのかということである。本書は、伝統的な文化人類学的興味の流れを受け継ぎなが

ら、エスノグラファとして、幼児教育現場をフィールドとし、カリキュラムや日々の保育内容・実践についてのみならず、「文化」に根付く教育、教育の中に隠れている「文化」に迫った。

　本書のテーマは次の3つである。まず、幼稚園や保育所で子どもたちが学ぶ「日本人らしさ」とは何だろうか。就学前幼児の95％以上が幼稚園または保育所に通っているという事実から、幼稚園や保育所は多くの子どもたちにとって初めて社会生活を経験する場であると言っても過言ではない。また、文化人類学的興味の観点からは、幼稚園や保育所は文化継承の場の1つになっているともいうことができる。社会化・文化化を担う場としての幼稚園や保育所が子どもの育ちに果たす役割について考える。

　次に、幼稚園や保育所での教師たちの「日本人らしい教え方と考え方」とは何だろうか。これらは、幼児教育現場に存在する隠れた文化パターンとも言えるだろう。例えば、子どもたちは、幼稚園・保育所生活の中で、友人との衝突などのケンカにどう対処するのかを学ぶ。この学びの過程はケンカの当事者ばかりでなく、周りの子どもたちにも影響を及ぼすことが多い。一方、アメリカでは、子どもたちのケンカを仲裁する教師が、周りの子どもたちに「あなたには関係ないことだから向こうに行っていなさい」と言う声を多く耳にする。なぜ日本の教師たちはそのような言葉を発しないのだろうか。幼児教育を取り巻く暗黙の文化的な信念と実践を探究する。

　最後に、教師たちは実際にどのように身をもって教育をしているのだろうか。アメリカの幼児教育者の目には、子どもたちのケンカに介入せず「見守っている」日本人幼児教育者は「何もしていない」と映ることが多い。しかし、日本人教育者は、自身の立ち位置を調整し、子どもたちに目を配りながら、子どもたちからの見え方を巧みに操作することで、子どもたちに自分たちでケンカを解決するよう促しているのだと語る。こういった行動は、日本人幼児教育者に特有なのだろうか。保育を語るとき、教育者の思考だけでなく、彼らの行動にも注意を払う必要がある。幼児教育者が身をもって実践していることの具現化を試みる。

　本書の特色は、3つの幼児教育現場を丁寧に観察し、45人の幼児教育者からの声に耳を傾け、それらを文化人類学の視点から詳細にまとめたことであ

る。インタビューからの多くの引用と約200枚の写真が含まれている。エスノグラフィを行うにあたり、焦点を以下のように絞ったことをここで明記したい。日本の就学前教育は、文部科学省管轄の幼稚園、厚生労働省管轄の保育所、内閣府管轄の認定こども園の3つの制度から成り立っている。しかし、本書では、日本の子どもたちが何を学ぶのか、日本人幼児教育者が何を教えているのか、といった点に焦点をあてるため、分析する際に、幼稚園と保育所、幼稚園教諭と保育士を区別することはしない。例えば、幼稚園には昼寝（午睡）の時間がないが、保育所では昼寝（午睡）の時間があるなど制度上・生活上の違いはあるものの、「思いやりを持つ子どもたちを育てたい」という願いは双方ともに変わらない。そのような、日本の幼児教育の根底にある文化的な信念と実践に着目し、考察を行うことが本書の主な目的である。

また、本書の焦点は、理想の実践や最善の実践を示すことではなく、日本の幼児教育における信念と実践の特徴を見極めることであり、日本の多くの読者にとって、あまり意識することのない信念や実践を明文化することである。例えば、「甘え」「思いやり」「見守る」など、日本人の日々の生活に根付き、馴染みのある言葉が、日本の幼児教育における実践において深い意味を持つことを示していく。

よく、文化人類学の目的は "Anthropology makes the strange familiar and the familiar strange" と言い表される。「新奇なものを馴染みのものに、馴染みのものを新奇に」ということになるだろうか。人々の物事に対する見方や考え方に新しい視点を示すこと、また、ある事象に対して新鮮な視野をもって観察する重要性を示すことを目指すともいえるだろう。本書の舞台は日本の幼稚園と保育所である。私たち日本人に馴染みのない地を研究対象とした多くの文化人類学の本とは逆に、本書では多くの日本人にとって馴染みある出来事が多々見られるだろう。それら馴染みあることが、「そうだったのか」「知らなかった」と少し新奇に感じられるようになるかもしれない。そう感じることで、今まで「おかしいな」「別世界のことだ」と新奇に感じていたものが、逆に馴染みあるものに思えてくるかもしれない。本書がそんな新たな視点のきっかけになってくれることを願っている。

2019年5月　東京にて　林　安希子

日本の読者のみなさんへ

　40年以上に亘って、日本文化について研究してきた。しかし、本書は日本の幼児教育に関する研究を、日本の読者と分かち合う初めての機会である。日本の読者の手元に本書があること（あるいは日本の読者である「あなた」が本書をまさに読んでいるときのこと）を脳裏に描くとき、「ある言語で書かれた本が他の言語で書かれたとき、それらは同一の本なのであろうか」と考えている自分に気付く。

　本書は英語から日本語への文字通りの翻訳本ではなく、英語で書かれた原著の書き直しである。本書の原著にあたる英語版を共に執筆した林安希子氏は、英語と日本語において学術的な記述の様式が異なることで、原著を日本語にすることの困難を感じていた。私たちは、日本の読者に向けて原著をどのように修正するべきであろうかと、多くの話し合いとブレインストーミングを行ってきた。

　本書が原著と異なる主な理由は、言語の違いというよりは、むしろ読者の違いにある。本の意味は、それらの言葉が英語であろうと、日本語であろうと、ページの上に現れる言葉のみにあるのではない。その意味は、言葉と読者との間の相互作用から生み出される。自分が持っている知識・関心・経験と、著者の紡ぐ言葉とを交えながら、読者が意味を創り出すのである。それゆえに、同じ本であってもそれぞれの読者によって異なる本となる。これは、本書のように、本が他の言語に訳され、より多様な読者のもとへと届く際、とりわけ顕著になるといえる。

　諸外国の読者や日本の読者が、いかに本書を理解するかにおける根本的な相違は、読者の日本文化への精通の度合いと関係がある。本書のジャンルは、エスノグラフィである。多くのエスノグラフィは、読者を外国、または見慣れぬ文化へと誘う。本書を英語で執筆した際、筆者の挑戦は、「思いやり」や「けじめ」といった日常にある日本的な概念を、日本人ではない読者向けに記述し、読者にとって分かり易いものとすることにあった。辞書では「思いやり」は「empathy（共感）」と訳されるが、これらは必ずしも同じ概念ではない。そし

て、「けじめ」という概念と同等の語彙は、英語には存在しない。

　しかしながら、筆者が、これらの日本語における概念を、日本語を母語としない読者に紹介するにあたって直面した挑戦は、翻訳の困難さをはるかに凌ぐものであった。そのより大きな挑戦とは、諸外国の読者に、これらの語彙のより深い意味やニュアンス、また日本の研究協力者がインタビューの中で用いた語彙が、どのように幼児への教育実践と繋がり合っているのかを、いかにして伝えることができるかという点である。例えば、「寂しい」は英語では「sad（悲しい）」や「lonely（心細い）」などと訳されるだろうが、これらの英語の語彙のいずれも日本語の持つ「寂しい」という意味や、それがどのように日本人の間の日常会話や子どもの社会化の文脈において使用されているかを完全に伝えているわけではない。第2章で取り上げた例を考えてみよう。そこでは、先生が子どもに昼食をもっと食べるように促す場面において、「あら、かわいそうな人参さん！　ハンバーガーとご飯とオレンジさんは食べたのに、人参さんは食べてない。人参さん、寂しいな〜って思っているって思わない？」と話しかけている。ここで暗に示されている論理は、日本の読者にはいたって自然なことなのだが、諸外国の読者には説明が必要であろう。その説明は、子どもの発達におけるいくつかの日本的な概念を提示し、またいかに「寂しさ」が「甘え」や「思いやり」と関連しているのかを示す。さらに、日本の美学および「わびさび」という概念における「さびしさ」の重要性の論議をも必要とする。

　多くの日本の読者は、どうして教師が子どもに対して、弁当箱の食べ残しの人参が寂しがっていると表現したのかという説明を必要としないだろう。しかし本書では、日本の幼児教育者が「寂しさ」の感情をいかに（また、なぜ）米国や他国の幼児教育者よりも重視するのかの分析を読むにつれ、日本の読者が新しい見方で日常の論理を眺められるようになることを望んでいる。言い換えると、ありきたりの日本の概念や教育実践の描写や分析を、日本の読者に提示することによって、「異化（defamiliarization）」の効果が生み出されることを期待しているのだ。本書の望みは、日本の読者が本書を読むことで、彼らが当たり前と思っていた信念や実践に新たな意義を見出すことである。日本の読者にとって、本書は、ある意味で「鏡」であり、新しい視野で自文化の様相を眺める方途としての機能を果たすことであろう。

「はじめに」や序章で説明したように、本書は文化的実践に焦点をあてているという点、また、文化的内部者（インサイダー）に日常的な実践の背景にある意味の説明を求めるという方法を取っている点において、エスノグラフィである。しかしながら、英語また日本語の両バージョンにおいて、1つの学術分野やジャンルに留まるものではないという点で、本書は稀な本といえるであろう。本書は、文化人類学・児童発達・教育・日本地域研究といったいくつかの分野の交差といえるだろう。本書は、日本に対して深い関心を寄せる読者、革新的な研究法や新しい理論に心を惹かれる読者、教えること、具体的には幼児教育に興味を抱く読者と、様々な読者層に読まれることになるだろう。

　本書は幼児教育また日本に関するものであるが、他のレベルの教育や日本以外の国・地域へも提供しうる示唆を含んでいる。本書の英語版は、日本を東洋のエキゾチックな国としては提示しておらず、むしろいずれの国・地域の教育者にも興味深く、また有意なアイディアを提供しうる国として描いている。諸外国の読者が、日本の幼児教育者の実践や信念について学ぶことは、幼い子どもたちにとって何が好ましく、また何がふさわしいのかについての自らの思考を拡げることに繋がるであろう。

　幼児教育に留まらず、本書の最たる貢献の1つは、教えることの「言葉で表せない」側面について考えることを促すことである。教師が身体を用いてコミュニケーションを取るにあたり、どの程度が非言語であり、子どもらが自文化にふさわしいメンバーとなることを学ぶのに、どの程度の身体の社会化を伴うのかといった側面のことである。国際的に見ると、過去10年間ほどは、社会科学や教育の場において、身体技法や身体性理論について一層の注目が寄せられている。これらの分野に属する多くの学者の注目は、実証的なデータを伴わない理論の著述にあったといえる。一方、本書は身体性に着目することで、話し言葉や書き言葉のみを重視する際は見過ごされるであろう教育や学習の側面に新たな気づきを提供しうる、実証的なデータを伴う初めての一冊となるだろう。

　最後に、本書の焦点は幼稚園や保育所ではあるが、読み進めるにつれ浮かび上がってくるテーマはより大きなものである。幼児教育は、家族・教育・社会・文化が交じり合う場であり、研究するのに何と豊かなトピックであろうか。

そこは、子どもたちが家庭という生活の巣から初めて離れ、より広い社会や文化と関わりを得る場所である。本書は、いかにして日本の幼稚園・保育所が子どもたちの社会性や情緒の発達を支え、社会への足場かけとしての役割を果たすのかについて着目しているわけであるが、もっと大きなストーリーを物語っているとも考えられる。そのストーリーとは、いかに子どもたちが自らの社会の一員となるのか。さらにいえば、特定の話し方・感じ方・身体の用い方をする、ある特定の社会の一員になるのか。言い換えると、本書は、いかに日本の子どもたちが日本の幼稚園・保育所において「日本人」になるのかについてのストーリーである。

　　　2019 年 5 月　ジョージア州アセンズにて　ジョセフ・トービン

目　次

はじめに ……………………………………………………………… 3

日本の読者のみなさんへ ……………………………………… 6

序　章

文化的説明 ………………………………………………………… 17

身体と心 …………………………………………………………… 18

「タシット」と隠れた知識 ……………………………………… 21

専門性 ……………………………………………………………… 24

偶然と発生 ………………………………………………………… 25

間身体性 …………………………………………………………… 26

社会性や情緒の発達と社会生活 ……………………………… 27

研究方法 …………………………………………………………… 29

本書の構成 ………………………………………………………… 34

第1章　「見守る」

くまのぬいぐるみ ………………………………………………… 37

「見守る」：見ることと待つことの論理 …………………… 39

守ること …………………………………………………………… 40

注目すること ……………………………………………………… 42

綱引き ……………………………………………………………… 44

忙しいということ ………………………………………………… 48

位　置 ……………………………………………………………… 49

触れること ………………………………………………………… 51

姿　勢 ……………………………………………………………… 53

時　間 ……………………………………………………………… 55

「見守る」の相互作用 ………………………………………… 56

第2章　気持ち

悲しい魚と寂しい人参 ……………………………………………… 59

「寂しい」の文化的価値 …………………………………………… 60

「甘え」 ……………………………………………………………… 62

「思いやり」 ………………………………………………………… 65

自制を要する教授法 ………………………………………………… 67

感情の身体的経験 …………………………………………………… 68

身体的感覚 …………………………………………………………… 73

寂しさ・共感・社会性 ……………………………………………… 76

第3章　「ギャラリー」

「見て！　ギャラリーがいるじゃない？」 …………………………… 77

髪の毛を引っ張ったケンカについて再び語る ……………………… 78

髪の毛を引っ張ったケンカについて再び焦点をあてる …………… 79

表現としてのケンカ ………………………………………………… 85

共感と周りの子 ……………………………………………………… 88

ギャラリーの身体的関与 …………………………………………… 92

集団制御　対　自己制御 …………………………………………… 92

いじめ ………………………………………………………………… 95

「世間の目」：社会的視線 ………………………………………… 97

周辺参加の機会の提供 ……………………………………………… 100

第4章　身体文化

予期せぬパンチ ……………………………………………………… 103

状況と「けじめ」 …………………………………………………… 106

身体性への教授法 …………………………………………………… 107

2つの型のお辞儀 …………………………………………………… 112

身体動作の混合 ……………………………………………………………… 115

身体的引用 ……………………………………………………………… 119

空間における身体性 ……………………………………………………… 124

第5章　幼児教育者の専門性

折り紙遊び ……………………………………………………………… 129

専門性を研究することの難しさ ……………………………………… 131

初心者と熟練者の違いの理論化 ……………………………………… 134

どのように専門性を身につけるのか ………………………………… 146

集団としての専門性・文脈に埋め込まれた専門性 ………………… 154

第6章　文化的実践としての幼児教育政策

政策と実践としての「見守る」…………………………………………… 160

「見守る」という形をとったガイドライン ………………………………… 162

ろう学校の例 …………………………………………………………… 167

公立ろう学校幼稚部でのインタビュー ……………………………… 168

強い調和と弱い調和 …………………………………………………… 174

第7章　文化の再構築

スプーンでプリンを食べさせる ………………………………………… 177

文化を考える …………………………………………………………… 180

くまのぬいぐるみを巡るケンカについて再び考える ………………… 181

文化の両面性 …………………………………………………………… 195

文　献 ………………………………………………………… 197

あとがき ……………………………………………………… 204

索　引 ………………………………………………………… 206

著者紹介 ……………………………………………………… 216

用語について

●幼稚園・保育所：

　本書において、幼稚園や保育所、認定こども園など、幼児教育が行われている場として全体を表すときには「幼稚園・保育所」と表記する。

●幼児教育者：

　本書において、幼稚園教諭、保育士など、幼児教育の場で教育・保育に携わっているものを「幼児教育者」と表記する。

●教師：

　本書において、「教師」とは、幼稚園教諭、保育士を含めた、教育を行う人全般をさす。

●『３つの文化における幼児教育』研究について：

　『３つの文化における幼児教育』研究は、日本・中国・アメリカという３か国の幼稚園の国際比較研究である。1980 年代にジョセフ・トービン、デイヴィッド・ウー、デーナ・デヴィッドソン（Joseph Tobin, David Wu, Dana Davidson）により行われ、1989 年に *Preschool in Three Cultures* として出版された。20 年後に続編として再度研究がジョセフ・トービン、朱瑛、唐澤真弓（Joseph Tobin, Hsueh, Yeh, Karasawa, Mayumi）により行われ、2009 年に *Preschool in Three Cultures Revisited* として出版された。本書では、*Preschool in Three Cultures* を『３つの文化における幼児教育』とし、*Preschool in Three Cultures Revisited* を『３つの文化における幼児教育 2009』と表記する。

序　章

　京都の保育所のあるクラスで、4人の女の子たちがくまのぬいぐるみの取り合いをしています。泣いている子もいます。しかし、担任の先生は、ちらっと見ながら、たまに「こら、こら」と声掛けをしますが、仲裁には入ろうとしません。一方、東京の幼稚園のあるクラスでは、4歳の男の子が友だちの髪の毛を引っ張りました。他の子どもたちが周りに集まり、2人の様子を見たり聞いたりしています。担任の先生は、男の子の目線までかがんで、10分間にわたり2人の男の子の仲を取りもっています。東京のあるろう学校の園庭では、4歳の子どもたちが、日本手話で綱引きのチーム分けについて話し合いをしています。担当の先生は、様子を見てはいるものの、議論が白熱して引っ張り合いが始まっても、介入するような素振りを見せません。

　本書で分析する、このような出来事には、実に様々な要素が反映されている。子どもや教師の身体の動き、それぞれの意思や言葉はもちろん、そこには習慣や信念、保育室（教室）・園庭などの環境、法的に規定されている職員配置基準（教師と子どもの比率）、幼稚園教育要領・保育所保育指針、幼児教育者のキャリア形成を含めた日本の幼稚園・保育所の組織構造や経済的な特徴までもが、これらの出来事に深く影響している。さらには、雨が降ってたまたま自由遊びが室内になったり、ケンカの仲裁が得意な子がたまたまその日は風邪で休みだ

画像 0.1. 森田千智氏

画像 0.2. 貝塚万里子氏

画像 0.3. 池田亜希子氏

ったり、といった偶然も重要な要素となる。

　本研究の目的は、このような様々な要素を詳細に分析することで、日本の幼児教育者がどのように出来事を捉え、何を信じ、考え、どのように子どもたちと関わっているのかを考察することである。特に、幼児教育者が、どのように子どもたちの社会性や情緒の発達を促しているのかについて、詳細に検討した。本書では日本の3か所の異なった幼児教育現場で働く3人の幼児教育者たち[1]の日ごろの保育の様子をビデオに納め、そのビデオを使って45人の日本の幼児教育者にインタビューを行った。ビデオ撮影を行った時点で、3人の幼児教育者は、同じような経験年数を有し、同じような年齢であった。森田千智氏は、小松谷保育園の保育士である［画像 0.1.］。小松谷保育園は京都のお寺の境内にある保育園で、共働きの両親を持つ子どもたちを主な対象としている。貝塚万里子氏は、東京のまどか幼稚園の幼稚園教諭である［画像 0.2.］。まどか幼稚園は短時間の保育を提供している私立幼稚園である。池田亜希子氏は、明晴学園幼稚部の指導者である［画像 0.3.］。明晴学園は、NPO法人から発展し私立特別支援学校となった東京にあるろう学校である。ろう文化に焦点をあてた手話教育の選択肢を親と子どもに提供するという点で、明晴学園は日本では他に類がない学校である。

　本研究では、幼児教育者が語ったことの分析とビデオ場面のマイクロ分析を提示していく。本書では、実践に対する「幼児教育者による言葉での振り返

1　3か所の幼児教育現場の2か所（小松谷保育園・まどか幼稚園）は、『3つの文化における幼児教育 2009』の研究対象であり、1か所（私立明晴学園）は『3か国のろう幼稚園』の研究対象である。

り」と、実践に重要な要素である「幼児教育者の身体技法」に注目する。

文化的説明

　本書を通して、教えることの文化的説明を試みる。その際、説明が文化の還元論的なものにならないように細心の注意を払う。例えば、「彼らは日本人だから、あのように教えている」といった議論のように、文化を具体化して考えること、また、そのようなトートロジー解析をすることは危険だからである（Anderson-Levitt, 2012）。ある事柄の実践が文化的であると主張したからといって、政策や教室環境から生じる制限や意味、経済や人口的要素などとは、全く関係がないということにはならない。そういった意味で、キャサリン・アンダーソン・レビット（Katherine Anderson-Levitt）の「教えること」の文化的側面に対する定義が役に立つ。彼女の定義する「教えること」の文化的側面とは「意味を作り出す前のプロセスの軌跡を追うこと」であって、それにより「新たな社会的状況で何が起きるかを予測できたり、新たな社会的状況で何が起きるかが制限されたりする」（2013, p.6）ということだ。この定義には、文化を「教える実践にのみ影響するものではない」と概念化する利点が含まれている。アンダーソン・レビットが議論しているように、文化が新しい状況下で人々がどう行動するかを示したり制限したりする中で、「それでも、新しい状況にいる人々が、過去の痕跡や人工遺跡を資源として使い、新しい意味を作り出す」（2013, p.6）のである。アンダーソン・レビットが呼ぶ「人工遺跡」「資源」「痕跡」を本書では「暗黙の文化的実践」と呼ぶ。

　本書では「暗黙の文化的実践」を３つの重要な特徴をもつ実践と定義する。１つ目は、一個人に特有なものではなく、その国や地域のその専門分野のメンバーが広く共有しているものであること（ただし普遍的ではない）。２つ目に、無意識ではなく、かつ、抑圧されたものでもないが、滅多に話されることはなく、また、意識的に教えられたりするものでもないこと（少なくともそれらの話や考えを研究者が引き出すまでは）。３つ目に、政府のガイドラインやカリキュラムスタンダード、または、教員養成の教科書などで言及されていることが稀なものであること。本書では、ありふれた事柄から目新しい事柄まで、様々

なクラスの状況を日本の幼児教育者がどのように扱うかを具体例として提示することで、文化的信念と文化的実践、明示的、暗黙的、言葉に表せないもの、といった様々なレパートリーの教育実践の様子を詳細に描写する。

　本研究では、教育現場を研究するうえで、文化が解釈上の道具として非常に有益であると考えている。幼稚園や保育所の教授法を分析する際に、文化を、意識的かつ明示的なものだけでなく言葉ではうまく表せないもの、言葉で媒介されるものだけでなく言語から成り立っていないもの、認知的なものだけでなく身体的なもの、そして、個人的で内在的なものだけではなく集合的で相互の身体間のものであると考える。

身体と心

　1934年にマルセル・モース（Marcel Mauss）は、身体技法は、個人的なものではなく、時代・文化・社会階級・職業集団により特徴的で、かつ、計画・意図・省察の不必要なものだと提唱している。モースの主張によれば、人は、ごく自然に座り、歩き、走り、泳ぎ、踊り、話すものであり、これらの動作を実践することは、組織だって教えられたものでも、処方されたものでも、意識したものでもないが、文化・性別・社会階級によって特徴のある動作になる。

　本書での議論は、モースの考えに沿っている。つまり、子どもたちのケンカにどう対処するかということを含め、日本の幼児教育者がクラスで日ごろ実践していることは、時に彼ら自身も説明することが難しい身体技法が絡んでいるということだ。他の国々と同様、園で行われていることの多くは、国のガイドラインに書かれていたり、養成校で教えられたり、管理職から指示されたり、教員研修などで語られたり、指導計画に書かれていたりと、意図的で明示的なことも多い。しかし、園で特徴的な実践の多くが、政策・通論・指導計画に由来したものではなく、習慣化したものや直観と出現の結果でもある。日本の幼児教育を（または各国の幼児教育を）より深く理解するためには、計画し、意図して行われる実践だけでなく、暗黙的で身体化された、またはとっさに行われる専門家としての行動にも、注意を払うべきなのである。

　だからといって、心と身体を関係がないものとして考えているわけではない。

本書では、幼児教育者の実践していることを身体技法として捉えるが、心や考えがそこに伴っていないとは主張していない。運動選手がインタビューで、試合中に計算や計画を立てる時間がない状況でとっさにとった行動を説明するとき、「体が動いた」「筋肉が覚えていた」というのを聞いたことがあるのではないだろうか。こういう場合に、心や考えとまったく関係なく筋肉そのものが、あるスピードをもって、望ましい結果を達成するために、打つ・投げる・蹴るという行動をした、と説明することは適当ではないだろう。そのような熟練した運動選手の技術的な身体行動は、心と身体の統合が必要とされる。経験豊富な日本の幼児教育者の実践においても、同様のことが言えるのではないだろうか。

　社会学理論における身体の学問的位置づけに関するエッセイで、ニック・クロスリー（Nick Crossley, 2007）は、意識的な注意が必要のない一連の技術の達成が求められる身体活動について、タイピングを例として以下のように説明している：

　　例えば、タイピングは、私の指と腕と目と頭などの動きを伴う。これは目的をもった知的で文化的な動きだ……私の指は私が見ることや探すことなしにどこに行くかを知っているが、私は各文字がどこにあるかを記述することができない。私のキーボードの知識は実践的で、意識的に振り返る以前のもので、かつ、身体的なものだ。そして、私の意識の立場からすると、私の体は、私の介入なしに適切に「ただ動いている」……つまり意識の側面からは、文化的に適切な身体の動作が連続的に「ただ起きて」いて、その動作は私の知覚が認識して省察を始めるわずか手前で起こっているのである（p.83）。

　本書では、身体実践の背後にある考えを求められた経験豊富な幼児教育者たちの反応は、このタイピングの例に近いことを実証していく。実際に幼児教育者たちは、インタビューの中で、保育室のどこにいるべきか、お話を読んでいるときやケンカを仲裁しているときにどのような姿勢をとるべきか、または、子どもたちと感情的な出来事の話をしているときに、どういった表情をし、声のトーンをどう調整するかなどは、滅多に考えないと語っている。滅多に考え

ないからといって、これらの実践について何も特筆すべきことがないということではない。これらの行動の多くは、意識的に注意する次元にはないということなのだ。行動に対する説明を求めれば、幼児教育者たちは興味深い考えを描写し、説明することが可能なのである。しかし、このように意識的に振り返って行動に説明をつけることは、実践を実際に行ったときの意図やその原因を直接的に語っているわけではない。むしろ、本書では、その後からつける説明をも、暗黙的で文化的な専門家としての解釈の1つの形だと主張する。語られること自体も、身体技法と同様、文化と専門性を反映する大切な要素である。

　教えることを語るときによくなされる説明は、よい実践とは、まず頭の中にしっかりとした意図があり、それを実行するというものだ。まず初めに指導計画を立て、その計画を実行するべく身体に指令を送るモデルである。様々な理論家がこのモデルに帰着しているが、本書では、幼児教育で行われる教育実践のような行動は、時として、意思や計画よりも先に発生しているのではないかと示唆する。ルイ・アルチュセール（Louis Althusser, 1971）は、ブレーズ・パスカル（Blaise Pascal）の例を引用して「あなたは祈る、なぜなら、あなたが信者だからだ」という型にはまった理由づけと対比させ、「あなたは信者である、なぜなら、あなたは祈るからだ」と議論した。この例では、行動に必要な材料や道具、宗教的な身体実践（カトリックでは、膝まずき、十字をきり、信仰を共にする）が先に立ち、宗教観念を構成している。身体実践が先行し、信念や意図がその後に続く。このような状況が日本（や他の場所）の幼稚園・保育所で教えることにも当てはまるのではないか。

　ピエール・ブルデュー（Pierre Bourdieu, 2000）は学者が身体よりも頭を、実践よりも理論を優先することを「学問的盲目」と非難した。彼は行動の合理的人間構造と自発的熟考案を次のように批判した：

　　前もって推定する2つの予備的な作業といった理論可能なもので成り立っている物の中から理論的選択として、全ての判断が考えられている。最初に可能な選択肢の完全なリストを書き、次に、それらと違う戦略と評価を比較してその結末を見極める。それは完全に現実離れしている日常の行動を示している。この考えは、前もって考えたものと明確な計画のもとに全ての行動

は先導されるという考えを基盤にしている（pp.137-138）。

　合理的行動・あらかじめ考えること・熟考という概念は、教育研究や教員養成課程でも特徴的なものとされている。例えば、突発的な意思決定よりも指導計画の作成に重きが置かれ、身体的で直観的な教育実践よりも行動に対する省察のほうに注意が払われるといったようにである。ブルデューの議論は、教えるということがあらかじめ考えてから行われることではなく、時として身体的でとっさに出現する実践であると考えを移行できる点で、とても有益である。ブルデューは「ハビトゥス」という概念を用いて合理的行動理論に反論した：

　　社会の代理人は、「ハビトゥス」という過去の経験によって彼らの体に刻まれたもので支えられている。それら知覚・理解・行動の態形組織は、彼らが反応するようにしむけられた、会話刺激・状況認識の判別を基盤として、実践知識の行為実行を可能にしている。そして、彼らの所産でありそれが彼らを決定している構造的制限の限度の中で、意味の合理的計算または終わりの明示的定義なくして、適切で終わりなく新しい戦略を引き起こす（p.138）。

　これらの議論を踏まえ、本書では身体性を２つの意味でとらえる。１つ目は、幼児教育者が文字通り自分たちの身体を道具として使うということである。例えば、身振り手振りのしかた、姿勢・目線・様々な注意の度合いを示す部屋での位置取り、共感・不満・不承認・感激を伝える声、という意味での身体性である。２つ目は、教えることの実践とは、事前に考えることと振り返りを伴わないもので、運動選手や音楽家に類似した「筋肉の記憶」を頼りにしたもの、という意味での身体性である。

「タシット」と隠れた知識

　社会科学者であるマイケル・ポランニー（Michael Polanyi, 1962）は、科学や医学の分野であっても、日常生活で起こる様々な出来事と同じように、多くの知識が言葉にできない潜在的なものであることを議論している。彼の考えは、

「私たちの中には、わかってはいるが説明できない事象が存在する」（p.601）という彼の格言に集約されている。ポランニーは、ピアノで音楽を奏でるといった複雑な行動実践と、実践を構成する細かい部分（指の配置、身体の姿勢、足でペダルを踏む動作から、音とコードを生むのに、どの鍵盤をたたくかの順序と組み合わせまで）をはっきりと区別して考えることは有益であるとしている。詳細部分を別々に練習することは確かに可能である。しかし、ポランニーは、もし熟練したピアニストがある特定の部分に集中しすぎたら、深い悲しみや美しさを巧みに表現する専門家たる演奏の流暢さを失い、単にピアノを演奏する動作に成り下がってしまうだろうと議論した。

　文化人類学者のモーリス・ブロック（Maurice Bloch, 1991）も「文化人類学者が研究する多くの知識は人々の頭の中に言語化できないものとして存在している」として、ポランニーと近い結論に落ち着いている。つまり私たちは、我々文化人類学者が、情報を提供してもらうために語り掛けることで得られた実践への説明に、自ら疑いをかけなければいけないのだ：

　　研究協力者が正直に「これがそれらを行う理由です」や「これがそれの意味です」や「これがそれらを行う方法です」と言ったとき、私たちは喜ぶよりも、そのような叙述に対して懐疑心を持ち、はっきりと言語で明示できる実践形態は必ずしも常に得られるものではないと考えるべきだ。そういった意味で、私たちは、明示された知識の全てを、ある意味疑問のあるものとし、通常の状態で適用された行動実践とはおそらく少しかけ離れた知識の一種だと捉えるべきだ（pp.193-94）。

　カナダの現象学的教育学者マックス・ヴァン・マーネン（Max Van Manen, 1995）も「教授的タクト」という概念を用いて、教えることの専門技術は言語という形で構成されるものではない、と似たような示唆をしている：

　　実践的技術は、認知的明瞭または批判的振り返りというよりは、自らの世界と行動の中に存在する暗黙で無言の知識である。この無言の知識は、必ずしも不変の真理のように説明可能なものではない……よい教師は、どうして

それがうまく彼らに機能するのか（もしくはなぜそれがうまくいかないのか）を見極めるのにたいてい苦労する。もし教師たちが彼らの成功に対して説明を求められたら、もしくは、彼らが行った行動を言語の形で表現してほしいと頼まれたら、彼らは、通常、抽象的な原理や理論を用いて自分たちのとった行動を再生産してほしいと期待されているのだと感じ、そうしようと試みる。他に何ができるだろうか。私たちの身体の中に、そして私たちの世界をとりまく物の中に内在するような類の知識を言葉で捉えるのはとても難しい（pp.10-12）。

　本研究の興味は、日本人の幼児教育者が、なぜ、どのように日ごろの行動を行うのか、ということに加えて、その実践に彼らがどう意味を後付けするのかということにもある。しかし、ポランニー、ブロック、ヴァン・マーネンのいうように、言葉による後付けの意味が、その実践がなされた原因だと捉えるのは問題である。そうすると、研究協力者の実践についての言葉に捕われすぎて、研究者が、身体的な実践そのものを書き記し、提示し、分析することを怠ってしまうからだ。専門技術を伴った実践者の言語にならない暗黙知が存在するというポランニーやブロックの理論は、身体的な実践を何らかの言語形態で表すということが、行動実践の流れを妨げるような自意識を生み出すという意味で、生産的ではないと示唆している点で興味深い。
　「暗黙」と「タシット」という用語は、専門的実践の議論の中で、同じ意味として使われることが多い。しかし、ここでは、この２つの概念が重複する部分を持っていると認識する一方で、この２つを区別して考える。「暗黙」という用語を、ガイドラインやテキストに記載されているものではなく、日常生活の中で実践者自身によって語られるものでもないが、エスノグラファに説明を求められれば、それなりに説明できる教授的実践に対して用いる。「タシット」という用語を、実践者が暗黙の教授的実践を行うときの身体技法を語るときに用い、また、エスノグラファに頼まれても、多くの実践者にとって説明するのが難しい身体技法に対して用いる。例えば、第１章において、子どもたちのケンカに対処するときの必要以上に介入をしない方法である「見守る」という技術は、よくある教授的戦術で、それは「暗黙」であると示唆する。それに

対して、幼児教育者たちが保育室での立ち位置を調節する方法や、介入はしないけれど何が起きているかを知っている、注意を向けていると子どもたちに知らせる方法に言及するときに、「タシット」「身体技法」「身体ハビトゥス」という用語を使う。

専門性

　本書では、日本人幼児教育者の主な特徴を捉えるだけではなく、「教える」と「うまく教える」とを区別することや、教える専門技術の向上に貢献している過程を見極めることにも注目する。本研究で行った幼児教育者たちへのインタビューが示唆しているのは、日本の幼稚園・保育所で行われている教授的実践の特筆すべき特徴は、教える専門技術が、教員養成課程や就職してからの教員研修よりは、むしろ勤務中に、現場での経験を通して学ばれるということだ。この特徴は、教えることの様々な実践の中でも、特に表情・姿勢・目線・教室での位置取りなどで使われる身体技法において顕著である。教えることのこれらの側面を新しい幼児教育者に伝えるのは至難の業である。なぜなら、それらは言語から成り立つものではなく、ほとんどの場合、意識的な注意や振り返りを始める前にあるからだ。ジェーン・ホワイト（Jane White, 1989）は、自身が行ったアメリカの教育実習の分析においてこう記している：

　　教えるという文化的知識には非言語的なものもある。教育実習の始めのうちに習得するほとんどの知識は、目線・姿勢・声の調整・語調、そして、教師としての話し方などの身体的で模倣的なものだ。学ぶことの多くが空間と時間に関連している。例えば、どこに立つか、どう質問の間をとり、子どもにどう質問を続けるか、そして、子どもが間違った答えを出したときどうすればよいかなどである（p.193）。

　ヴァン・マーネン（1995）は、ヨハン・ヘルバルト（Johann Herbart）が最初に提示した概念をもとに、熟練教師が「教え、学ぶ空間で起こる生徒との相互作用によって、生徒とどのように接したらいいかを瞬時に把握し、即興で生

み出す教育的で教授的な技術」をどのように用いているかということを「教授法思慮深さとタクト」という用語で表している。デイヴィッド・バーリナー（David Berliner, 1988）は、教師が経験を積むにつれ、だんだんと規則に動かされにくくなり、意識的な熟考が減り、直観に従う自信をつけるようになると、非論理的という意味ではない「理論外」になると示唆している。

偶然と発生

　教える実践を「暗黙の文化的実践」や「身体ハビトゥス」と呼ぶことは、それらが新しい状況に対して変化しない、または、反応しないものだという意味ではない。ブルデュー（2000）は、「ハビトゥスは新しい経験に継続的に反応して変化する。気質は永続的改正のようなものを条件としている」と書いている。この理論を本書の様々な箇所で用いて、身体・物・ハビトゥス・信念・構造上の制限や意味がどのように関わり合っているかを説明する。例えば、本書で取り上げるくまのぬいぐるみを巡る女の子たちのケンカで、森田先生が部屋の隅から「こら、こら」と声をかけるのみで仲裁に入らなかったときである。森田先生は、子どもたちのケンカにどう対処するかという質問に「そのときによって」と答え、「ときには子どもたちのケンカに仲裁に入り、ときには入らない」と言い、その判断は多くの要因によると説明した。その要因には、そのケンカが起きたとき、昼食前で部屋を掃除するので忙しかったことや、女の子たちがピアノの角に近づき危険だったことなどが含まれていた。

　偶然性と発生性はあらゆる領域で起きることだが、ランド・スパイロ（Rand Spiro）の言葉によると「構造が不明確」な分野で特に特徴的であるという。スパイロら（1992）は構造が不明確な分野を、実践者の扱う状況が、2度と同じことが起こらず、多様な要素が混在するような分野であると定義している。スパイロらは構造が不明確な分野の例として、医療・歴史・文学解釈をあげている。ここでは、そのリストに“教育”“教えること”を加えたい。スパイロの意味合いでは、おそらく幼児教育・保育があらゆるレベルの教育の中で最も構造が不明確だろう。特に日本の場合はそのことがあてはまる。国のガイドラインは一般的な目標を示すものであり、教育・保育方法は、共通のカリキ

ュラムに依るわけでも、標準化された評価の強い圧力を受けているわけでもないからだ。

ランド・スパイロ、ブライアン・コリン、アパマ・ラムチャンドラン（Rand Spiro, Brian Collins, & Apama Ramchandran, 2007）は「複雑でより構造が不明確な分野の知識に対しては、複数の解釈方法、相関性、そして偶然性（文脈依存、つまり「その場によって」という判断の必要性を認識したり、多くの状況において白黒がはっきりとしているのではなく、中間のグレーであると認める傾向）によって特徴づけられた知識構築を養成する取り組みが必要だ」（p.20）と述べている。彼らは構造が不明確な分野は実践者に"複雑で開放的、かつ、融通の効く思考回路"が求められると議論している。本書では、この概念を拡げて、構造が不明確な分野、例えば、幼稚園・保育所で教えることには、"複雑で開放的、かつ、融通の効く身体習慣"も求められると議論する。幼稚園・保育所で教えることは、いつも同じ身体技法が求められる棒高跳びのようなスポーツよりも、同じプレーが少なく、熟練実践者の技術融合が求められ、2度と全く同じことが起きない、常に変化する状況に身体技法を合わせるレパートリーが必要なサッカーのようなスポーツに似ていて難しい。

間身体性

どんなに技術のある教師がクラス内で身体技法を使っても、その教授法は、彼らの行動と子どもとのやり取りがあって初めて機能する。教えることは一方向的なものではなく、お互いが関わることで生み出されるもので、そこには教師と子どもたちの動きの調和が必要である。調和のとれているダンスやサッカーチームのように、子どもたちと教師もまた彼らの身体実践を調和させなければいけない。しかし、ダンスやスポーツチームとは違い、幼稚園や保育所のクラスは、1つの目標を達成しようと監督されているわけではない。そういった意味で他の例えをあげよう。通勤する人々が目的地に向かう際、身体技法を用いて、無意識に衝突を避けながら、混雑している地下鉄や街の通りを歩いている状況だ。新しく都会で生活を始めた人々は、駅で押したり押されたり、混んでいる電車に無理やり乗り込んだり、混んでいる電車の中でどうやって立ち、

どのつり革や棒につかまったらいいのかわからずにいることがよくある。似たような不慣れで不自然な感じは、新学期が始まったばかりの子どもたちの動きや、仕事を始めたばかりの教師の動きにも表れる。アーヴィング・ゴッフマン（Erving Goffman）は、社会生活で必要とされる身体の連繋を描写するために「空間における身体性」という言葉を生み出した。モーリス・メルロー・ポンティ（Maurice Merleau-Ponty）が社交性の1つの型として「間身体性」（Crossley, 1995）と概念化したものである。

　クラスの中での出来事がスムーズに運ぶためには、クラスという社会の中で身体技法を学ぶ過程にある子どもたちと熟練幼児教育者たちの間に調和、つまり連繋が存在していなければならない。それゆえ、幼児教育者たちには二重の課題がある。つまり、教授法の道具として自分自身の身体を使う技術を習得することと同時に、幼稚園・保育所での生活、そして社会生活に適した子どもたちの身体行動の発達を、どのように支援するかも学ばなければいけない。日本社会で適正に生きていくには、ある1つの方法を習得すればよいわけではなく、いくつもの方法を体得し、その場その場の変化に応じて自分の行動と身体実践を調節する能力が求められる。日本の幼稚園・保育所では、教師たちが子どもたちの言葉や態度を普段遣いから正式な場での振る舞いへと誘導する瞬間が1日に何度かある。幼稚園教育要領は、主なカリキュラム目標として、子どもたちの社会生活をあげている。ねらいの1つに「社会生活における望ましい習慣や態度を身に付ける」とある。本書の焦点の1つは、子どもたちが自分の身体を社会生活に順応させるようになる過程を、幼児教育者たちがどのように支援しているかである。

社会性や情緒の発達と社会生活

　本研究は、子どもたちの社会性や情緒の発達において、または日本の幼児教育者が「社会生活」と呼ぶものの発達において、日本の幼児教育者がどのような役割を果たしているのかに焦点をあてている。これを強調することには次のような2つの理由がある。1つは教育行政従事者、幼児教育者、保護者の中で広く同意されているように、幼稚園や保育所の機能としてもっとも重要なもの

は、子どもたちが社会の一員になるよう学ぶことを支援することだ。小学校の学習の先取りをするような幼稚園も日本にあるが（Holloway, 2000）、それらは少数派である（Oda, & Mori, 2006）。もう1つは、本研究の文化人類学的志向を反映している。文化人類学の中心的な関心の1つは、文化がある世代から次の世代へ受け継がれる過程、つまり文化化である。他国と同じように、日本での文化化の主な目標は、子どもたちが社会の適切な一員となることだ。どんな文化においても、社会集団の一員として機能するには、感情を適切に表現することと、他者の感情に適切に反応することの両方を含む社会性の発達が必要とされる。文化を超えて共通する感情の側面が存在すると示されているものの（Eisenberg, 1992）、そこには、他者の感情への反応の仕方、感情の示し方、感情そのものに文化特有のものがあるとも示されている（Lebra, 1976; Markus & Kitayama, 1991）。

　インタビューで、幼児教育者たちは、それぞれの子どもの感情の特性や社会性の能力について時折言及することもあるが、多くの場合、社会的な関わりに対処する集団能力の成長を強調する。ここで、日本の幼児教育者の社会生活に対する考えは、子どもたちのケンカや他の社会的な関わりを扱う能力を、個人のものとして捉えるというより、コミュニティとしてのクラスの機能として捉えている点で、西洋の社会性や情緒の発達の概念とは異なることを指摘する。日本の社会性や情緒の発達の視点は、インパルス制御、または、発達心理学者が「エグゼクティブ機能」と呼んでいる側面を、主に個々の子どもの特徴としてだけではなく、クラスの集団能力として捉えることが可能であるかを考えさせる。

　本研究の中心となる問いは、日本の幼稚園・保育所が、日本で生活する子どもたちが日本の社会の一員になることを学ぶ場所としてどのように機能しているかである。しかし、研究協力者にこの質問に対してどう思うかと聞くと、幼稚園・保育所で、子どもたちに日本人らしくお互い関わりを持つように教えている、などと考えたことはほとんどないと語る。彼らの意図は、子どもたちに、どうすれば幸せで、クラスコミュニティにうまく馴染んだ一員になれるかを教えることで、子どもたちを日本の社会の一員にすることではない。幼児教育者たちはたまに指示的な教育を行うが、ほとんどの場合、幼児教育者自身が身

をもって示すことと、子どもたちに社会的な関わりと様々な感情を経験する機会を提供することによってそれらを教えている。社会にうまく適応するように、日本の幼稚園・保育所で教えられ学ばれていることのうち、何が日本特有のものかという気づきは、私たちのような外部者に委ねられるのである。

研究方法

　もし、幼稚園・保育所での多くの実践が、教師の知覚と振り返りの知識の下で、ブロック（1991）やポランニー（1962; 1966）の議論する、構造的に言語から成り立っておらず「タシット」の知識形態を取るとしたら、私たち研究者はそれらの実践に対してどのように注目し、どのように記述し、どのように分析したらよいのだろうか。本書では、2つの方法を試みる。1つ目は、エスノグラフィック・フィールドワークによるものである。日本の幼稚園・保育所の世界に対して、文化的外部者という研究者の側面を利用して、誰からも指摘されなければ「暗黙」「タシット」で「言語化されない」可能性の高い実践を、文化的内部者を刺激し認識するように促す。研究協力者や私たち研究者にとっての挑戦は、通常、暗黙で、言葉という形を取らない実践を、言葉に変換する術を見つけることにある。2つ目は、実践を言葉だけではなく、画像でも報告することである。本書では、ビデオを見たときの研究協力者のコメントの分析（インタビューデータ）、そして、ビデオに記録された教師と子どもの関わりの場面に対するマイクロ分析（ビデオデータ）の両方を提示する。

ビデオを用いた多声的エスノグラフィ
（Video-cued multivocal ethnography）

　本研究で使用する『3つの文化における幼児教育』の研究方法は、ビデオを用いた多声的エスノグラフィ（Video-cued multivocal ethnography）である。研究チームは日本・中国・アメリカの幼稚園の典型的な1日をまとめた20分間のビデオを制作し、そのビデオをインタビューのきっかけとして使う。最初のインタビューはビデオ撮影したクラスの担任教師に対して行う。教師たちは、

ビデオの中の自らの実践の背後にある考えについての説明を求められる。次のインタビューは、同じ園の教師や関係者に対して行う。ビデオ内の実践が典型的なのか、バリエーションの範囲内なのか、などを見極める。次に、同じ国の他の園の教師、最後に、研究対象である他の2か国の教師にインタビューを行う。このような段階を経たインタビューを通して、様々な視点から多数の声が寄せられる。ビデオに映っている出来事や実践がデータとなるのではなく、ビデオを視聴した研究協力者の多数の声がデータである。著者は、この研究法を"Video-cued multivocal ethnography" と名付けている。

　ビデオを用いた多声的エスノグラフィでは、研究協力者に、口述のみでなく、ビデオを見ながらインタビューを進める。ビデオを、会話を活性化させるための道具として、またインタビューのきっかけとして使うことで、より多くの声を研究協力者から引き出すことができる。また、口述のみでの質問は研究協力者を困惑させることも多い。ビデオという視覚情報を使うことで、具体的な文脈を提示することができ、「この場面についてどう思うか」「あなたがこのクラスの教師だったらどうするか」「この教師についてどう思いますか」という質問が可能となり、研究協力者の暗黙の実践に迫ることができる。

　ビデオを用いた多声的エスノグラフィの"エスノグラフィ"としての側面は、ビデオがフィールドワークの役割を果たすことと、インタビューの組み立て方とそこから得たインタビューデータの分析をする方法にある。

　通常のエスノグラフィでは、伝統的には 12 か月（またはそれ以上）の間、フィールドに出向き、そこで生活している人々と話し、観察を行う。そして、話したことや観察したことをノートに書き記す。そのノートを手掛かりに、観察した事象で不明なことを人々に聞く。この一連の作業がフィールドワークと呼ばれる。ビデオを用いた多声的エスノグラフィでは、ビデオがフィールドノートのように記録の役割を果たし、またフィールドでの観察のように、何を研究協力者に聞くべきかを識別する材料となる。

　インタビューの組み立て方とインタビューデータの分析の際に、文化的内部者と文化的外部者の側面を使う。文化的内部者である研究協力者の語る説明や言葉に焦点をあて、調査者（研究者）の文化的外部者としての側面を戦略的に道具として使い（例えば、「知らない」という事実を道具として使う）、研究協力

者を個人として見るのではなく、その学校・職業・文化の一員と見なし、暗黙の文化的な信念と実践を探究する。これは、エスノグラフィック・インタビューとも呼ばれるものである。

本研究で使用したビデオ

　本研究では、『3つの文化における幼児教育2009』研究で制作された小松谷保育園とまどか幼稚園のビデオ（2002年撮影・各20分間）と、『3か国のろう幼稚園』研究で制作された明晴学園のビデオ（2010年撮影・20分間）を使用した。また、ビデオの再編集に際しては、両研究で制作された各20分間のビデオに収まらなかった映像を用いた。ビデオ撮影した園を「典型的」な園だと位置付けるのではなく、園で撮影され制作されたビデオを視聴した人々が「奇妙」だとか、「極端」と感じないという意味で、それらの園が「例外」の園ではないと位置付ける。ビデオを用いた多声的エスノグラフィは、その国において、その園が「典型的」であるかについても、ビデオを視聴した人々（幼児教育者・園長・教育専門家等）に尋ねるのである。

　本研究ではビデオを用いた多声的エスノグラフィを行う際に、3点の応用を加えて研究を進めた。①焦点を絞ること（3か国ではなく1か国、様々な範囲での実践ではなく社会性や情緒の発達に関した実践）、②45人の幼児教育者にインタビューを行うのと同時に、数名の幼児教育者と園長に複数回に亘るインタビューを行うこと、③ビデオをインタビューのきっかけとして使うだけでなく、マイクロ分析をするデータとしても使うこと、の3点である［画像0.4.］。

　まず、『3つの文化における幼児教育2009』研究で日本の幼児教育者に実施したインタビューデータの再分析を行った。幼児教育者は、子どもたちが社会生活を学ぶことをどのように支援しているかに焦点をあて、当時の研究で見落とされていた教育者による見解や振り返りを探索した。次に、ビデオを再編集した。編集前の映像に戻って、『3つの文化における幼児教育2009』研究で使われていない場面を選んだ。そして、インタビューをする際に議論を絞ったり、ときに議論の焦点を変えたり、または新しい議論を紹介するのに再編集し

画像 0.4. 明晴学園のビデオを見て話し合いをする池田先生、トービン、林、日本手話通訳の若林氏

たビデオを用いた。ビデオの別な場面に焦点をあてることは、概念的な移行だけでなく、文字通り焦点を変化させることも必要とされる（Hayashi & Tobin, 2012）。『3つの文化における幼児教育 2009』研究で使用したビデオを制作した際には、2台のカメラで1日中撮影した 14 時間の映像が 20 分間に編集された。全体の3％弱の映像が最終版の映像に残ったといえる。例えば、編集前では 18 分間にも及んだまどか幼稚園のケンカの場面は、3分間に編集された。つまり、残り 15 分間を新しいバージョンのビデオ作成に使うことが可能である。

　次に、2009 年から 2013 年にかけて、45 人の日本人幼児教育者にインタビューを行うと同時に、『3つの文化における幼児教育 2009』研究に参加していた何名かの研究協力者に複数回に亘りインタビューを行った。2002 年から 2013 年の間に、何名かと対話を重ねている。例えば、京都の泉山幼稚園の熊谷籄子園長には、毎回、新しいビデオと新しい質問を準備して、8回に亘るインタビューを行った。時を経て、教師たちがどう変化するのかを理解するために、同じ教師についてキャリアの異なる時期を見る必要があった。初めてインタビューを実施した 2002 年では、保育歴の浅かった小松谷保育園の森田先生とまどか幼稚園の貝塚先生に、10 年経った 2012 年に再度インタビューを実施した。

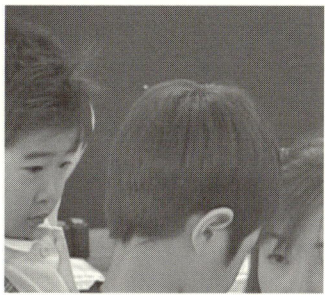

画像 0.5a., b. 静止した動画、そのズーム（中央部分の変更）

同じ研究協力者に時を経て再度インタビューすることで、要となる教授的問題に深く迫ることができた。

　③については、ビデオの一場面一場面を注意深くマイクロ分析し、解釈を展開させ、研究協力者にコメントをしてもらった。『3つの文化における幼児教育2009』研究では、ビデオはインタビューのきっかけであって、データではないことを強調していた。研究の焦点は、ビデオに映っている行動ではなく、実践に対する教師の説明であった。本研究でも　日本の幼稚園・保育所のビデオに映っている1日に対する日本の幼児教育者の説明に焦点をあてる。加えて、本書では、ビデオはデータではないと議論するのではなく、ビデオをインタビューのきっかけとして、またデータとしても用いた。エスノグラフィやビデオを用いた教育研究には、1人または数人の実践者に接近し分析するという伝統もあり、ビデオに収められている身体実践の詳細な解読とマイクロ分析から学ぶことが多くあることを論証していく。編集ソフトウェアを使って、場面の枠組みを設定し直した。編集ソフトウェアを使用することで、動画を静止し、画面中央のものを端に、端のものを画面中央に移動すること［画像0.5a., b.］、ズームして見逃していたかもしれない詳細の確認が可能である。ビデオ映像のマイクロ分析により、エスノグラフィック的焦点に、子どもと教師の身体技法と園生活での身体と身体の関わりへの注目を加えることができる。

本書の構成

　本書は、本序章と異なる主題を持つ7つの章の全8章から成っている。第1章から第4章では、子どもの学びと教師の教える技術に焦点をあてた。第5章と第6章では、最初の4つの章で議論したクラス内で観察された文化的信念・実践について、クラス外へ拡げて考察を行った。第7章では、第1章から第6章での発見を統括する。

　第1章では、「見守る」という概念が、子どもたちのケンカにあまり介入しないという、幼児教育者のアプローチの根底にある文化的教授概念であると示唆する。第2章では、「思いやり」と「甘え」、そして、身体的にも感情的にも傷つくことを含めた、身体的感情経験への価値観に着目する。第3章は、ケンカが起きたときに周囲にいる子どもたち、つまり「ギャラリー」の存在に価値を置く文化的教授信念について考察する。このように間接的に参加することは、人間同士の衝突を疑似体験できるだけでなく、ケンカをしている当事者に「世間の目」の存在を知らせる状況を作り、仲裁する役目も果たしている、ということを論じる。第4章は、言葉・姿勢・手振り・お辞儀など、子どもたちが日本人らしい振る舞いをどのように学ぶのか、それを使い分ける「けじめ」をどのように学ぶのか、その学びをどのように教師たちが手助けしているのかを検討する。第5章は、専門知識の向上について、本研究のビデオに登場する3人の幼児教育者が、時を経て、どのように幼児教育者として自らの発達を振り返り、また日本人幼児教育者が、どのように文化的信念・実践と専門知識を学び、向上していくのかに焦点をあてる。第6章は、他の章とは異なり、これまで議論してきた文化的信念・実践を幼児教育政策の文脈において考察する。ガイドラインで教授法に関して明確に示していないことは、それ自体が「見守る」という概念であると議論する。最小限を示すことで、幼児教育者たちがそれぞれの最善の実践を探る姿勢を促すのである。最終章として、これまでの各章で別々に分析してきた実践がどのように幼稚園・保育所の実際の生活の中で同時に使われているかを示していく。小松谷保育園における年長さんが赤ちゃんにご飯をあげている場面と、くまのぬいぐるみを巡るケンカの場面を用い、「見

守る」・感情・「ギャラリー」・身体技法・専門性・政策、に焦点をあてて、実践が様々な要因と複雑に絡み合いながら相互的に構成されていることを描く。

第1章

「見守る」

画像 1.1. くまのぬいぐるみの取り合いをする女の子たち

くまのぬいぐるみ

　そのケンカは、自由遊びのときに、4人の女の子たちの間で起きた。ナオ、セイコ、レイコが、くまのぬいぐるみを押したり引いたりしながら言い合いをしている。マキは、その様子を見ながら近くに立っている［画像1.1.］。

セイコ：こっちに引っ張って。
マキ：離して。
セイコ・レイコ：取った！　取った！
レイコ：取り返した！
セイコ：取った！　取った！

　3人の女の子たちが、くまのぬいぐるみを押したり引いたりしていると、ナオが押し出されるように床に転がった。担任の森田先生は部屋の向こう側から「こら、こら」と声をかけるも、ケンカをしている女の子たちに近づいてはこない。ナオが泣くと、レイコが「ナオちゃん、これはナオちゃんのじゃないよ、セイコのだよ」と言う。　ナオが泣き続けると、セイコ、レイコ、マキ、途中から近くで見ていたヨウコも加わり、4人はどうするかを話し合っている。マキは、セイコに、ナオにくまをあげるように提案する。涙目のナオが、胸の近くにくまのぬいぐるみを抱えたセイコに近づく。

セイコ：泣かないで。
マキ：セイコ、ナオちゃんにあげなよ。
セイコ：貸してって言えばいいよ。
ナオ：ちょうだい！
ヨウコ：ダメ！
レイコ：やめなよ！
ナオ：ちょうだい。
ヨウコ：取っちゃダメ。
レイコ（ヨウコに向かって）：（ナオを）怒って来て。
ヨウコ：ダメ！　そうやってくまを取ってっちゃ、ダメだよ。
ナオ：でも、私が先に持っていたもん。
マキ：でも、置いたでしょ。そしたらもうナオちゃんの順番は終わりだよ。

　ナオは、セイコに部屋の隅に連れて行かれ、女の子たちは「指切りげんまん嘘ついたら針千本のーます！　指切った！」と歌いながら指切りをして、セイ

コがナオに「わかった？」と聞くと、ナオが頷く。セイコはナオの肩に手を回し、2人は一緒に歩いていった。

「見守る」：見ることと待つことの論理

別の園の幼児教育者にこのくまのぬいぐるみを巡るケンカの場面を見てもらった後に「この場面についてどう思いますか」「もしあなたがこの状況にいたらどうしますか」と聞いた。すると、ある幼児教育者は次のように説明し始めた：

日本の先生たちは、子どもたちが自分たち自身で問題解決するのを待ちます。子どもたちは自分たちで何ができるかを知っています。だから、待ちます。子どもたちを信じているとも言えるかな。じゃないと、子どもたちが指示待ち人間になっちゃう。もちろん、子どもたちが何をしたらいいかわからないときは、話します。そして、どうなるか見守り、待ちます。

「見守る」は、主に2つの意味を持つ。1つ目は、誰かが誰かを傷付けることから守るために注意深く見ていること。2つ目は、誰かの行動を観察すること。例えば、「見守る」は「子どもの成長を見守る」「成り行きを見守る」といった言い回しで使われる。日本の幼児教育者が使う「見守る」に関連した用語に、「待ちの保育」がある。「待ちの保育」は「待つ」「忍耐」「長い目で見る」を含めた「行動する」ことより「見る」ということを基盤とした教授法と言える。

感情・社会性・知的能力の発達の機会を子どもに与えるということを含めた、様々な教授法と発達目標についての幼児教育者の説明の中に、この「見ること」と「間をとること」の戦略を見ることができ、ある幼稚園教諭は「私たちは子どもたちの感情発達を助けることが大事だと思っています。そのためには、子どもたちは自分たちで葛藤する時間が必要です。だから、私たちは見守るのです」と語った。

守ること

　「見守る」の１つの意味には、学校の門に立つ守衛のような意味合いがある。つまり何かことが起こったときに対処するだけでなく、そこに立っていることで人々に誰かが守っていることを知らせ、その役割を果たす。幼稚園・保育所のクラスでは、教師が見ていることを子どもたちに知らせることで、子どもたちに自分自身で物事を解決しようと挑戦する自信と安心を与える。幼児教育者はある種の安全網を提供し、子どもの社会的関わりを支援する。

　幼児教育者はインタビューの中で、「子どもたちは先生に見守られていると知る必要がある」「見守ることは子どもたちに自信を与える」というように、「見守る」と「見守られている」という言葉をよく使った。これらのコメントは、「見守る」と日本の伝統的な概念である「世間の目」との関連を示唆していると考えることができる。世間の目は「社会の目」とも言える。「世間の目」は、うるさいご近所に囲まれているというような否定的な意味を持つこともあるが、通常、特に子どもの面倒を見るという場面では、社会に対する配慮として肯定的な役割を示すように使われる。第二次世界大戦前の日本のエスノグラフィでは、田舎と都会のどちらでもご近所さんがお互いを知り、子どもたちを見守り、必要であればしつけをする責任をお互いが担う文化を描いていた。もし、子どもがいたずらをしていたり、危ないことを道端でしていたら、それを見た大人が、「見ているよ」「今やったことは間違っているよ」と知らせるのだ。都会化によって昔のような村やご近所が減り、社会の目によってこのような見守り・見守られる場面、世話をする・されることが失われてきたという嘆きをよく聞く。現代日本では、幼稚園・保育所は、子どもたちが見守られているという経験をする主な場所となっている。

　小松谷保育園のビデオの中に、５歳児クラスの子どもたちが乳児と幼児の部屋に行き、小さい子たちの面倒を見る手伝いをしている場面がある。お当番の子が、小さい子たちの着替え・食事・遊び・トイレの手伝いをする。「この活動は心配ではないですか」と聞くと、５歳児クラスの学年主任である野上先生は、「笑顔でそっと見守っています」と答えた。他の場面では、通常の保育が

画像 1.2. サマタ先生がマキに「気をつけて」と声をかける

　終わった後、子どもたちが園庭で遊んでいる中に、4歳児のマキが約1.5メートルあるうんていの上に立って遊んでいる様子が映っている。近くに立っているサマタ先生は、「気をつけて」と声をかけるが、危険となり得る遊びを止めはしなかった。先生は、見ている姿・待っている姿を通して、心配と自信の両方をマキに伝えている［画像1.2.］。

　ここで大事なことは、日本の幼児教育者たちが介入を躊躇することではなく、教師たちが子どもたちに何が起きているか知っていることを、介入していない間に伝えていることである。これは複雑な力学と言える。子どもたちが危険となりうる、または、心が傷つくかもしれない場面で、先生が仲裁に入ってくれるだろうという過度な期待を持たせず、子どもたちで物事を解決するよう促すために、見守っていないかのように見せかける必要がある。その一方で、先生たちは子どもたちに、何が起きているかは把握していることを知らせたい。この気づいているというメッセージが制御の効かない状況を回避するのに役立ち、もしも物事がうまくいかなくなったら先生が助けてくれると知ることで、子どもたちに挑戦する自信を与える。教師は、子どもたちが危険に直面していると感じるときだけ、見守りを明示する。サマタ先生が、うんていに登るのを止めはしないが、「気をつけて」とマキに近づいたときのようにである。これは、教えることの技術と言える。弱すぎず強すぎない存在として「見守る」技術だ。

ある幼稚園教諭はこう言った:

　　見守るということに、正しい仕方というのがあるわけではないのです。離れたところから子どもたちを見る、もしくは、子どもたちに何か起きたら行く準備はできているよ、と見守っていることを知らせること。私は単純に部屋に存在して、何か起きたら先生が守るからね、という雰囲気を作ることが本当の見守るの意味することだと信じています。空気みたいな存在。

「見守る」の「見」は文字通りでは見るという意味だが、この幼児教育者が示唆しているように、存在を感じさせるという意味合いもあり、取り囲んでいるが、周りの雰囲気以上には気づかせないという微妙なものだ。別の幼児教育者は、「見守られているというあたたかさを経験することは大事。これが伝統的な保育。誰かに見守られている、誰かが信じてくれている、誰かから愛されていることを感じることから子どもは自立することを見出すのです」と語った。

注目すること

　モース（1934/1973）は「身体は人間の最初のそしてもっとも自然な道具である」と書いている。モースに準じ、ここでは「見守る」をはじめとする日本の教授的戦略には、独特な身体技法が必要であり、幼児教育者が「見守る」とき、身体が自然な道具となっていることを考察する。「見守る」は日本の文化的観念であるだけでなく、注意を向けたり向けなかったりという形での身体表現でもある。

　教師たちは、部屋の中を移動しながら、注目や心配、さりげなさを伝える姿勢を取ることで、子どもたちにどの程度先生の存在を示すかを調節し、注目する程度を表現する。もし、子どもたちが、先生を意識しすぎて先生に頼るかもしれないときは、他の仕事で忙しくて、注目できないと思わせるよう、視線や態度を調整する。反対に、子どもたちの制御が効かなくなりそうだと感じたら、森田先生が、くまのぬいぐるみを巡るケンカの途中で、「こら、こら」と声をかけたように、注目しているよと態度で知らせるのだ。教師たちは、目線に加

画像 1.3. ケンカをしている女の子たちの側を通りすぎる森田先生

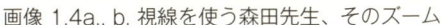

画像 1.4a., b. 視線を使う森田先生、そのズーム　　画像 1.5. 貝塚先生の目の動き

えて、姿勢、首を傾ける、触れるなど様々な身体調整を使い、注目している・していない程度を示す。

　小松谷保育園のぬいぐるみを巡るケンカ場面の中に、森田先生が背後で、部屋の中での位置、姿勢、ケンカをしている女の子たちに対しての目線を調整している姿を見ることができる。森田先生が、ケンカをしている女の子たちの側をさっと通りすぎるところも映っている［画像1.3.］。

　教師たちは、目視によって子どもたちが大丈夫かを確認したり、注目の程度を示したりする。20分間のビデオに含まれてはいないが、くまのぬいぐるみを巡ってケンカを続けている女の子たちが廊下近くに立っているのを、森田先生が部屋の隅から見ている場面がある［画像1.4a., b.］。森田先生は、じっと見ていたのは、ケンカを心配していたのではなく、女の子たちがクラスを離れて

ケンカが途中で終わり、誰かが嫌な思いを残したままにならないよう最後まで話し合ってね、と伝える意味だったと説明した。また、まどか幼稚園のビデオの中に、貝塚先生が同じように目の動きで、従わない子どもたちに、「見ているよ」と伝えているのを確認することができる場面がある［画像1.5.］。

綱引き

　明晴学園で撮影したビデオの中に、園庭で、5人の子どもたちが縄の片側を持ち、副担当の先生である栗原先生が1人でもう一方の縄の端を持ち、担当の先生である池田先生が真ん中に立ち、綱引きの始まりを知らせる準備ができている場面がある。遅れてきたミカ（4歳女児）が栗原先生に近づき、先生から縄を奪い、縄を地面に投げつけて、「ずるいよ。私のチームが負けるに決まっている。相手のチームの方が選手が多いもん」と手話で話しながら離れていった。反対側の縄を持っていたサトシ（5歳男児）がミカに近づき、「だけど、栗原先生がいるじゃん。先生は大きくて強いよ。それに、ぼくのチームには弱い女の子がいっぱいいるよ」とミカの言い分に反対し激しく議論している。その言い争いは5分間続き、チカ（4歳女児）がミカに何かを言いに近づいた。サトシはチカを追いやり、怒りながら、「割り込むな」と告げた。チカは涙ぐんで去り、「悲しい」と手話で言った［画像1.6.–11.］。

　ミカとサトシが綱引きのチームについて言い争いをしている間、池田先生は近くに立ち、栗原先生は近くに座っていたが、両者共に介入はしない［画像1.12.］。さらに、池田先生は、まるで議論に介入はできないよと伝えるかのように、ついには顔を背けた［画像1.13.］。

　ミカとサトシの言い争いが終わる頃、池田先生は、議論から10メートルほど離れた低い段に腰をかけ、やがてチカもやってきて池田先生の近くに立った。池田先生はチカに、サトシは会話を1人占めする傾向にあると説明した。チカと話しながら、池田先生は時折、ミカとサトシの間で続いている言い争いを見ていた［画像1.14a., b.］。

　ついに他の子どもたちが待ちかねて、ミカとサトシ抜きで綱引きが始まり、サトシが予想したように、栗原先生のチームが勝った。すると、ミカとサトシ

画像 1.6. 綱引きのはじめ

画像 1.7. ミカとサトシの言い争い

画像 1.8. チカがミカに近づく

画像 1.9. サトシがチカに「割り込むな」と伝える

画像 1.10. サトシがチカを追い出す

画像 1.11. チカが「悲しい」と言う

画像 1.12. ミカとサトシの言い争いを見て
いる先生と子どもたち

画像 1.13. 言い争いをしている子どもから
顔を背ける池田先生

画像 1.14a., b. 言い争いを見ながら話をする池田先生とチカ

は何が起きたかをおさらいし、サトシがミカに、「どんな気持ち？」と尋ねる
と、ミカが、「サトシが正しい。赤チームがたまには勝つし、私やめない」そ
して2人はお互い謝り、サトシはミカに、「チカに悪いことしちゃった。話に
いかなきゃ」と言った。謝るかわりに、サトシはチカに「割り込むべきじゃな
かった」と言った。チカは、「ちょっとしたこと」を言いたかっただけなのに、
サトシのことばで彼女は傷ついたことを説明した。ほんの少し離れたところに
座っている池田先生は、チカが自分の言い分を伝えるのをうなずきながら見て
いた。

　その後のインタビューの中で、池田先生に綱引きの場面を見せ、ミカとサ
トシの言い争いにどうして仲裁に入らなかったのかを聞くと、池田先生は画
像 1.15a., b., c. で示すように、日本手話で答えた。日本手話通訳者はそれらを

画像 1.15a., b., c.「ここまではあなた。私はこの壁の向こう側にいる」

「見守る」という一言に訳した。さらに「この手法を『見守る』と呼びます
か」と聞くと、池田先生は、「（同じ手話を繰り返しながら）見守るということ
です」と答えた。文字通り訳すと、「あなたたちで話してごらん。私はここで
見ているから。ここまではあなた。私はこの壁の向こう側にいる」である。

　池田先生の手話を「見守る」と訳そうが「私はここで見ている」と訳そうが、
池田先生と聴者の幼稚園・保育所における教授的信念・実践の相似をはっきり
と見ることができる。池田先生の日本手話に依る説明は、日本人幼児教育者た
ちの、必要以上に仲裁には入らない戦略の基盤となるものに更なる視点を与え
る。池田先生の手話の説明の中に、聴者の話し言葉と書き言葉での「見守る」
にあるように、「見る」または「守る」をほのめかすものはない。そのかわり
に、池田先生は「壁」を比喩的に使うことで空間的関係性を強調した。壁での
仕切りや、ケンカをしている子どもたちと彼女の間に距離を取るという位置取
りは、先生を仲裁に入ることから遠ざけ、子どもたちが自分たちで状況に対処
することを余儀なくさせる。この空間的距離の感覚は、「見守る」という書き
言葉あるいは話し言葉にも、遠くから見て守ることを示唆しているという点で、
ささやかながら存在すると言える。しかし、この空間的距離の側面は日本手話
で、より明確である。綱引きでの言い争いの始めから終わりまで、池田先生は、
小松谷保育園のくまのぬいぐるみを巡るケンカに対する森田先生のように、自
分の存在感を強めたり弱めたりして、言い争いをしている子どもたちからの距
離を調整している。

忙しいということ

『3つの文化における幼児教育2009』研究と『3か国のろう幼稚園』研究の各ビデオには、幼児教育者が忙しすぎて子どもたちのケンカに注意深く注目できないかのように見える場面がある。1989年の『3つの文化における幼児教育』研究のビデオの中に、昼食後の自由遊びのとき、ヒロキが意図的にクラスメートのサトシの手を踏み、泣かせた場面がある。ヒロキがサトシにしたことを、ミドリがフクイ先生に伝えに行くと、先生は掃除をしながら「もし心配だったら、自分で何とかして」と言った［画像1.16.］。すると、ミドリはサトシをヒロキから遠ざけ、この先ヒロキと遊ぶのを避けるよう忠告した。

　掃除をやめないことで、フクイ先生はミドリに、ケンカを仲裁できないほど忙しいと知らせ、それが、ミドリを物事に対処するようにサトシの元へ戻らせる効果があった。フクイ先生になぜ仲裁しなかったのかを聞くと、距離を取ることでケンカをしている2人の男の子たちだけでなく、クラスにいるミドリと他の子どもたちにも人間関係のいざこざと感情を経験する機会を提供したかったと説明した。この章の冒頭で紹介した例でも、クラス内でくまのぬいぐるみを巡るケンカが起きたとき、森田先生はぬれた水着とタオルを片付けるのに忙

画像 1.16. ミドリが伝えにきても掃除を続けるフクイ先生

画像 1.17. 制服に着替えるのを手伝う貝塚先生

しくしていた。明晴学園のビデオでは、池田先生が、先生の近くで 2 人の女の子たちがスカーフを巡って口論している場面から視線をそらし、ごっこ遊びの道具の片付けで忙しくしている場面を見ることができる。また、綱引きのケンカの間、池田先生は時々振り返りながら、言い争いをしている子どもたちから他の子どもたちへも注意を向けている。第 3 章で詳しく分析するが、まどか幼稚園のビデオの中に、貝塚先生が 2 人の男の子たちのケンカから少しだけ注意をそらし、制服に着替える子どもたちの手伝いをしているのが見られる［画像 1.17.］。ここでは、貝塚先生によるこうした実務的処理が求められる状況を、ケンカの仲裁を行うのを阻止するものとして捉えるのではなく、男の子たちに先生の仲裁なしに状況を扱う機会を与えている、と捉える。

　これらの場面から、先生たちは日常の仕事が忙しくて、子どもたちのケンカの仲裁に入るのは難しいということがわかる。まどか幼稚園と小松谷保育園の両園では、他の幼児教育者の手伝いなしに、1 人で、机を清掃する、水着をしまう、洋服のボタンをかけるなど、20〜30 人以上の子どもたちがいるクラスを扱う。くまのぬいぐるみを巡るケンカの間、森田先生は水着から着替える子どもたちを手伝い、部屋を掃除し、昼食の準備に忙しい。まどか幼稚園での髪の毛を引っ張ったというケンカの言い争いの間、貝塚先生は子どもたちに制服に着替えさせ、帰り仕度をさせることを巧みにこなさなければいけなかった。日本の幼稚園・保育所における日常の仕事と職員の配置基準により、これらの先生たちは、ケンカの間、ただ忙しいふりをしているのではなく、本当に忙しいのだ。本研究では、これらの先生たちは、部屋の中での位置取り、姿勢や目線を調整し、同時に他の仕事とうまく兼ね合いを取りながら、子どもたちへの注意の度合いを表現していると考察する。

位　置

　教師たちは、意図的に教室内での自分たちの位置を調整することで、ケンカの仲裁が必要になったときの準備をしている。例えば、綱引きの言い争いの間、池田先生は言い争いをしている子どもたちから何メートルか離れたところに立っている。それは必要ならば助けを出すのに充分近い距離であり、かつ子ども

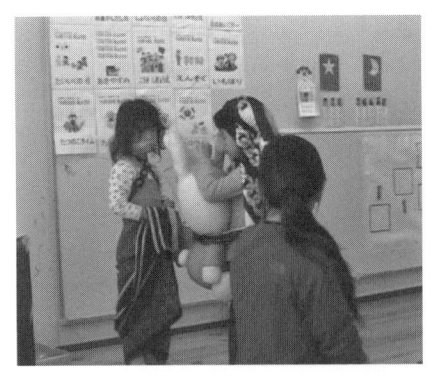

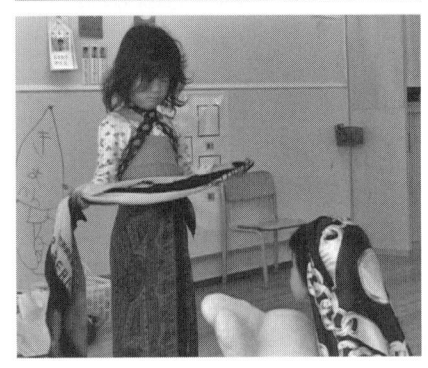

画像 1.18a., b., c. 池田先生は、スカーフを畳みながら、女の子たちが議論しているのを見ていて、ついには自分たちで解決するようにと諭すかのように離れていった

たちだけで解決できるよ、と示唆している距離である［画像 1.12.］。スカーフを巡る 2 人の女の子の言い争いの間、池田先生は何メートルか離れたところに座った。女の子たちが議論しているのを見るのとスカーフを畳むのを交互に行い、ついには自分たちで解決するようにと諭すかのように離れていった［画像 1.18a., b., c.］。貝塚先生は、ケンカを仲裁したときに、ケンカをした 2 人の男の子たちに、「考えてごらん」と言って立ち去るという、池田先生と同じような手法を使った。

　多くの日本の園の環境（建物と園庭）は、「見守る」教授法を支えている。例えば、まどか幼稚園の町山芳夫園長（インタビュー当時園長、2013 年より理事長）は、アジトを子どもたちに提供できるようにするため、建築家と園舎と園庭のデザインをどのように考えたかを次のように説明した：

　　アジトは子どもたちが自分たちのものだと思える場所です。子どもたちはアジトにいるときは、先生たちから自分たちは見えていないと思っています。もちろん、幼稚園に先生たちから子どもたちが

画像 1.19. まどか幼稚園にあるアジトにいる男の子たち

完全に見えない空間があったら大問題です。大事なのは、子どもたちがそこは彼らの空間だと思えることです。

町山芳夫園長は、子どもたちがアジトに入ったとき、見守られているという事実に子どもたちが気づかないように、先生たちは子どもたちを見ていると示唆した［画像 1.19.］。

触れること

日本人幼児教育者は、子どもが間違った行動をしたり、ストレスを感じているときには、言葉少なく控え目に「触れる」ことを行う（Burke & Duncan, 2014, pp.66-67）。ビデオの中にそのような場面をいくつも確認できる。髪の毛を引っ張ったという出来事で、2 人の男の子たちが、相手が先に手を出したとお互いに主張し、その後黙り込んだとき、貝塚先生は言葉を使うのではなく、2 人に「触れた」。右腕を 1 人の男の子の腰に回し［画像 1.20a., b.］、彼の目を見ながら、頭をポンポン［画像 1.21a., b.］、胸をトントンとたたき、手首を握った［画像 1.22a., b.］。くまのぬいぐるみを巡るケンカの後、ナオが他の女の子からくまのぬいぐるみを再び奪い、返すのを拒んだとき、森田先生はしばら

 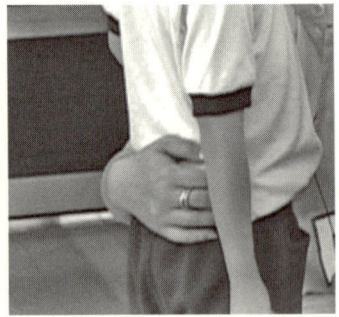

画像 1.20a., b. 腰に手を回す

画像 1.21a., b. 頭をポンポンとたたく

 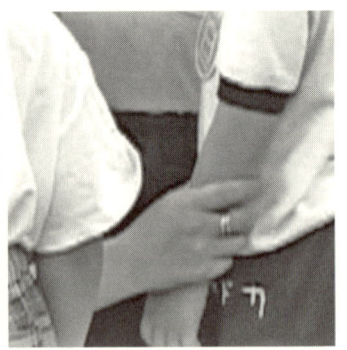

画像 1.22a., b. 手首を握る

画像 1.23. ナオの手に触れる森田先生

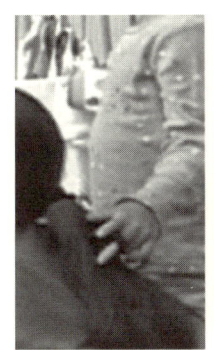

画像 1.24a., b., c. 池田先生の髪に触れて、心の支えを得るチカ

く様子を見た後、ナオに近づくと、握りしめている手を緩めるよう、手に触れて促した［画像1.23.］。池田先生は、チカとサトシのケンカを仲裁しなかったが、チカの横にしゃがんだ。チカは、心の支えを得るかのように先生の髪に触れていた［画像1.24a., b., c.］。

姿　勢

髪の毛を引っ張ったというケンカの仲裁の間、貝塚先生は様々な身体技法を

画像 1.25a., b. 膝まずき男の子たちの言い争いを仲裁する貝塚先生

使って、男の子たちが感情表現をすることを促した。例えば、手を使って男の子たちの距離を縮めたり、位置取りを調整したり、あるときは移動したり、あるときは視線をそらすことで、男の子たちへの視線を調整した。彼らに触ることで注意を喚起し、伝えたいことを強調し、男の子たちを先生に近づけたり、感情や心配を顔で表現したりした。先生の目が男の子たちの目より下になるように膝まずき、男の子たちの目をじっと見つめた [画像 1.25a., b.]。これらは、しゃがんだり、膝まずいたり、または、低い椅子に座ることによって、先生たちが、リラックスしていて急いでいないことを示唆する姿勢のほんの一例である。しゃがむことで貝塚先生は、上の立場からではなく、心から心配しているという姿勢で、男の子たちと関わっている。

　画像 1.12. でも、綱引きの参加者と一緒に、栗原先生がしゃがんでいるのがわかる。それは、ミカとサトシの意見の相違がおさまるまで、いつまででも待っているよと示唆する姿勢でもある。綱引きの言い争いの半ば、池田先生は立って見ていて [画像 1.12.]、しばらくしてしゃがみ [画像 1.26.]、その後、低い段に座る [画像 1.14a., b.]、というふうに姿勢を変えていった。池田先生のしゃがむ姿勢は、栗原先生と同じく、子どもたちに仲裁しようとしていないことを示すと同時に、その会話がしばらく続くことへの準備ができていることを

画像 1.26. しゃがみこむ池田先生

示している。

時　間

　上記で語ってきた「見守る」を実践する身体技法の各々には、時間を巧みに操ることが求められる。凝視する・見る・一見する、の違いは時間の長さだ。肩を掴む・軽くたたく・ポンとたたく、の違いも時間の長さである。しゃがむというのも、「腰を据える」という表現があるように、今すぐ行動する準備ができていると示す姿勢とは反対に、時間をかけて落ち着くように伝えるという、時間的な側面を持っている。

　「見守る」の実践においては、2つの時間の側面がある。子どもたちの発達に必要な時間と、先生たちが子どもたちと関わるのに持つべき時間の2つである。例えば、ケンカの場面でナオが泣いたことについて森田先生に聞くと、次のように説明した：

　　ナオちゃんの誕生日は2月。月齢は低い方です。ナオちゃんは去年の2月からここに来始めたのです。他の子たちは、1歳か2歳のときから来ています。なので、この時期、ナオちゃんはまだ新入園児と言えば新入園児です。

でも、彼女はここに来始めてからすごく変わりました。もし、（あなたたち
が）彼女に次出会ったら、ぐんと変わっていると思います。なので、彼女た
ちのケンカをそのままにしておきました。

　森田先生は、仲裁しないという価値を長い視点から考えている。ナオが小松
谷保育園に来始めて以来、森田先生はナオの社会性の成長を見てきている。さ
らに、森田先生は、ナオが今後 18 か月間、自分のクラスにいて、成長してい
くのを知っているのだ。1989 年の『3 つの文化における幼児教育』研究のフ
クイ先生は、常に問題行動をしていたヒロキに対して辛抱強くいられたのは、
彼を今後さらに 2 年間受け持つことと、彼はこれまで徐々によくなっていた
からだと語った。幼児教育者たちは、この長い視点を持っているからこそ、見
て、待つことができる。フォーカスグループインタビューにいたある保育所の
保育士は、まどか幼稚園のビデオを見た後に、「すごく難しい！　この先生た
ちはどうやって子どもたちを見守れるほど子どもを知ることができるの？」と
言った。彼女にとって、ビデオの中の子どもたちを意味ある方法で見る（見守
る）のは難しい。この子どもたちを十分に知る時間がなく、それゆえ長い視点
を持てないと言っているのかもしれない。または、多くの場合、乳児のときか
ら子どもを見ている保育所の保育士と比べ、2～3 年間しか、子どもを担当し
ない幼稚園の教諭たちにとっては見守るのは難しいのではないかと暗示してい
たのかもしれない。熊谷園長は、「幼稚園教諭として見守れるようになるのに
は、最低 5 年間はかかるのよね」と語った。
　このような時間の側面に関しては、第 5 章で更に議論する。教師たちが長い
視点を持ち、社会的関わりを発達させるため、子どもたちに時間と空間を与え
るように、幼稚園・保育所もまた、専門技術を発達させられるよう、新しい教
師に時間と空間を与えるということについて考察する。

「見守る」の相互作用

　「見守る」は、仲裁することから距離を置くことだけを意味するわけではな
く、導きが必要な人に「目を配る」ことをも意味する。「見守る」は、直接的

指導や見張るというよりは「育てるという配慮」「甘え」、そして「すべての人は他者からの助けが必要だという考え」と関連している。若い職員が上司によく言う、または、学生が指導者によく言う「見守っていてください」や、能力がよりある者がそうでない者によく言う「見守っている」などがある。ここで重要なのは、年齢や地位ではなく、「見守る」人が、他の人が1人ではできない何かを、少なくとも助けることが可能であるということだ。

「見守る」は、相互的にもなりうる。子どもたちが先生の配慮ある思慮を求めるだけでなく、先生たちも間違いをしないように、子どもたちにも自分たちに目を配るように頼む。泉山幼稚園でこのような例を目撃した。何人かの子どもたちが熊谷園長に、担任の先生がクラスの鳥かごのドアを閉め忘れたと報告すると、熊谷園長は「見ていて、ね？」と答えた。それは、先生がそのような間違いをおかさないように助けるのは、熊谷園長ではなく、子どもたちだよということを意味しているかのようだった。

これらの例は、「見守る」の社会性を強調している。「見守る」は、お互いに見て、お互いに気にかける相互の責任を強調することで社会をつなげる実践である。これは、第3章の「世間の目」の議論でも触れる話題である。「見守る」は、他の人が世話をやいたり、助けたりしたくなるような行動をとる「甘え」とも繋がっている。会話や行動の中で誰かに見守って欲しいという願望を暗に示すことは、直接的ではないが、人に助けを頼むことだ。先生は子どもたちに目を配り続ける必要があり、子どもたちは先生に目を配り続ける必要がある。ミハイル・バフチン（Mikhail Bakhtin）が著書 *Art and Answerability*（1990）で示唆しているように、私たちは、真に自身を客観的に見ることはできないし、自身の行動の結果を評価することもできない。人は自身が置かれている生活の背景から自身を切り離して見ることができないのである。そのような意味で「見守る」—他者を「見守り」、他者に「見守られる」—は社会の軸となる構成要素である。そして、それが日本の幼児教育で強調されている。

第2章

気持ち

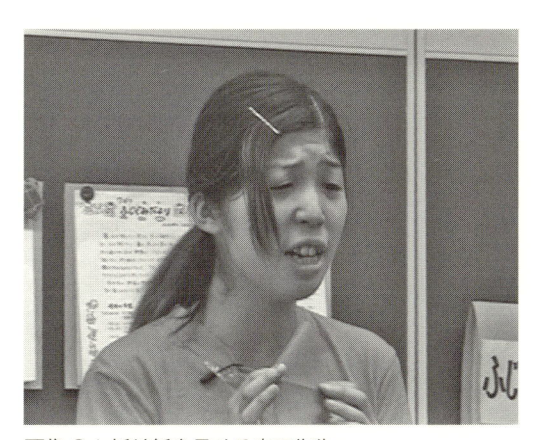

画像 2.1.折り紙を見せる森田先生

悲しい魚と寂しい人参

　森田先生が4歳児クラスの前に立ち、明るい色の折り紙を見せています［画像 2.1.］。

「今日は、お魚さんを作ります。最初に、三角形を作ります。チューリップを作った時のように、両端を折ります。こうやって、2つの角を折ります。で、こんな風にもう一度折ります。できた？　よかった！　ほらっ、魚みたいに見えるでしょ。だけど、口と目がなくて、すごく寂しく見えるよね。どうしようか。マーカーを持ってきて、魚に目を、こんな感じで書こっか」

昼食のとき、先生はお肉・ご飯・デザートは食べ終わっているのに、人参を残している子どもたちが多いことに気づきました：

クラス全体に聞こえるくらい大きな声で、先生はちょっと演技っぽく男の子に言っています。「かわいそうな人参さん！　ハンバーガーとご飯とオレンジさんは食べたのに、人参さんは食べてない。人参さん、寂しいな〜って思っているって思わない？」

ある側面では、ここでの先生たちの会話は、簡単に理解でき、エスノグラフィックな説明が必要ないように思える。最初の例では、先生は子どもたちに紙の魚に顔の特徴を加えるように提案し、次の例では、野菜を食べるように促している。説明が必要なのは、これらの先生たちがありふれた普通の目標を達成するために、なぜ子どもたちにこのような感情を想い起こさせたのか、ということだ。例えば、なぜ「寂しい」という言葉を子どもに野菜を食べさせるために、または、紙の魚に目をつけるようにするために持ち出したのか。本章では、紙の魚と人参の出来事を、日本の幼稚園・保育所で観察した感情を含む他の活動とともに分析し、それらの分析を用いて、日本の幼児教育における感情の教授法理論を構築していく。

「寂しい」の文化的価値

魚と人参の例の中で先生たちが使っていた言葉は「寂しい」であったが、上の文脈では、おそらく「1人取り残されて悲しい」だろう。人参は悲しい、なぜならば、1人無視され、お皿の上に取り残され、他のお昼ごはんの仲間であ

るハンバーガー、ご飯、オレンジと一緒に食べてもらうことができないからだ。小松谷保育園のビデオを見た多くのアメリカ人幼児教育者にとって、食べ物を「寂しい」と語るのは、子どもに野菜を食べるように促す方法として奇妙に思える。これは、当事者である研究協力者が深く説明できない数ある状況の1つである。なぜならば、聞かれている実践があまりにも普通で、その背後にある理論が暗黙のうちに理解されているからだ。昼食の場面についてインタビューした日本の幼児教育者たちは、子どもたちに食べることを促すこの手法は、幼稚園・保育所と家庭でごく普通に使われており、特別なまたは深い意味はないと述べた。一般的に、グループのメンバーであることが非常に大切であるとされている日本文化では、特に幼稚園・保育所の教授法において、仲間と一緒に食べられる機会を逃すことは、たとえ人参でも、無生物でも、かわいそうであり心配する対象となる。ここでの暗黙の理論とは、子どもたちは、空想的な前提で、食べ物に感情があることを受け入れ、無視されて悲しい人参に共感し、同情の行動として人参を食べるというものだ。食べることで、人参が他のお弁当の仲間とまた一緒になれるのだ。人に対するのと同じように、食べ物の気持ちを考えさせるようにして、小さい子どもたちに行動を促すことは、日本の親たちが使う手であることが指摘されている（Conroy et al., 1980; Hess et al., 1986）。

　顔のパーツが欠けている紙の魚が「寂しい」のはやや違った意味だ。見捨てられたのではなく、不完全であるがゆえに悲しいのである。ビデオについてインタビューした森田先生と他の日本の幼児教育者たちは、目がないから魚が寂しいという彼女のコメントの中に重要な意味を見出さなかった。本研究での解釈は、魚の顔を書くために「寂しい」という言葉を使うことは、日本人の心理構造と同時に日本の美学を反映していると理解されるべきだ、ということだ。「1人」を意味し、日本の美学を語るときに使われる「さびしい」の語源である「さび」は、通常「わび」という言葉と一緒になり、心をゆり動かす高潔さ・簡素さ・切望・悲しさを表す。それは、芸術作品に込められたり、芸術作品から呼び起こされたりする。「わび」という言葉は、もとは「自然の中、1人で生きているわびしさ」（Koren, 1994）を言及したものだ。その孤独は完全に否定的に捉えられてはおらず、簡素さを擁護し、物質主義を拒否する禅に

見られるように倫理的に称賛に値する唯美主義と関連づけられている。アンドルー・ジュニパール（Andrew Juniper, 2003）は、「もしその物体や表現が私たちの中に静かな哀愁感と切望の精神をもたらすようなら、それは、その物体を、わびさびということができる」（p.11）と書いている。ジェイミー・ハッバード（Jamie Hubbard, 2008）は、「わびとさびという両方の表現は無限にもかかわらず、個人の限界もしくははかない感覚を言及すると理解できる」と書いている。「わびさび」のように、「さびしい」は悲しい感情として理解されるが、一方で高貴で、洗練された、味わい深い感情なのだ。森田先生の「さびしい」という言葉の使い方は、目のない魚のことだけを言ったのではなく、この完成していない芸術に同情的な目を向ける人のことにも言及しているのだ。森田先生は目のない魚は、それを見た人たちに「さびしい」という感覚を起こすことを子どもたちに指摘した。その「さびしさ」は目を加え、魚を完成に近づけることで、減らすことができるのだ。

「甘え」

　ビデオ「小松谷保育園の1日」の冒頭で、ナオ（一番月齢が低く、一番新しく森田先生のクラスに入った子）が、母親と3か月の弟と一緒に園に到着する。保育園の門で、母親が「行ってらっしゃい」と言って離れようとすると、ナオは嫌がって母親の腕にしがみついた。森田先生とクラスメートのマキは、ナオに近づいて母親の腕から離れるように促した［画像2.2.］。やがて、2人の女の子たちは手をつないで一緒に園庭に歩いていって、他の女の子たちと一緒に遊んだ［画像2.3.］。その後、ナオは、クラスで、セイコ、レイコ、ヨウコと、第1章で言及したくまのぬいぐるみを巡るケンカへと突入していく［画像2.4.］。なぜケンカの仲裁に入らなかったかを森田先生に尋ねると、ケンカはナオと他の女の子たちがお互いに関わりたいという肯定的な表現であり、関わった全員にとって、感情を経験し、感情を扱う価値ある機会だと捉えていたと強調した。
　ナオが園に送って来た母親にしがみつくことや、他の女の子たちとくまのぬいぐるみを巡ってケンカすることや、さらに、ケンカに負けたときに号泣するのは、土居健郎（Doi Takeo）が「甘え」と分類しているものと読み取るこ

画像 2.2.

画像 2.3.

画像 2.4.

画像 2.2. 母親の腕にしがみつくナオ
画像 2.3. ナオの手を握るマキ
画像 2.4. マキが見ている中、泣くナオ

とができる。1973 年の『甘えの構造』（*The Anatomy of Dependence*）の本の中で、土居は「甘え」は日本人の精神を理解するために重要な概念だと議論している。なぜならば、日本では弱さを表現することに高い価値を置いているからだ。「甘え」は「他の人から心配や助けを招くように行動すること」とも言えるだろう。

　ナオは女の子たちのグループの一員になりたかったが、表現する方法が限られていた。ナオは、年上の女の子たちが理解し、呼応できる未熟な形で「甘え」を表出することで、仲間に入りたいことを訴えた。毎朝、門に立ち、母親にしがみついて泣くのは、寂しさと甘えの表現と見られ、母親にだけではな

く（嫌だと言っても、しばらくすれば、母親は去っていくことをナオは知っている）、先生や特にクラスメートに「注目してほしい」「受け入れてほしい」と寂しさを見せているのである。同じように、ナオのくまのぬいぐるみがほしいという想いも、他の女の子たちにナオの幼さ、寂しさ、関わりたいという願望を伝える「甘え」の表れと読むことができる。

ナオの泣き言、過度な「甘え」の表現、そして、他の女の子たちのときに優しくときにきつい反応は、未熟さの現れである。言い換えると、日本の幼児教育者たちが好んで使う「子どもらしい」表現である。このような子どもらしい「甘え」の表現は「甘え」の一番純粋な形と言えるだろう。「甘え」の典型的な表現は、まだ話せず歩けない乳児が、抱え上げてもらうのを要求するかのように宙に腕を伸ばすものだ。自己と物の関係の発達についての精神分析理論のもとに、土居は、生後6か月以前の乳児は、まだ自分自身を他者と区別する感覚を持っていないので、通常「甘え」ないと示唆している。つまり、「甘え」を引き起こし、社会を結びつける重要な力であり、中心的な動機である存在の孤独と他者を恋う感情経験をしていないのだ。日本において、人生の最初の数年で学ぶべき主な発達課題は、自立ではなく依存を通して、人の本質である存在に関する分離と孤独をいかに乗り越えるかだ（Caudill & Plath, 1966）。孤独や寂しさの表現は、「甘え」の重要な構成要素である。「あなたを世話したい」と思わせる能力である「甘え」は、相互依存の重要な構成要素で、日本社会の根源をなすものである。

社会性の発達は、日本の幼稚園・保育所のカリキュラムの中心的な目標である。幼稚園教育要領では、小さい子どもたちの集団の生活について言及している。寂しさは他の人と繋がっていたいという願望の表現であって、関わりを求め、グループの一員になることを導く。ナオの寂しさは「甘え」の表現を導き、それが機能して、ナオを女の子たちのグループと繋がるようにした。これらの理由から、森田先生はナオの寂しさと悲しさは肯定的な感情だと見ており、どれほど未熟な表現でも「甘え」を向社会的だと捉えている。

「思いやり」

インタビューの中で、幼児教育者たちは「甘え」と「思いやり」（共感）という言葉を一緒に使った。寂しさ・悲しさ・無力さなどの感情状態の表出は、相互的に「思いやり」（共感）と結びつき、感情交換の循環を形成することを示唆している。それらの感情は、日本あるいは日本の幼稚園・保育所に独特のものではないが、感情の社会化への日本的アプローチの中に、日本特有の文化的様式と価値がある。これは、感情は主に個人が経験する単一現象としてのみ理解されるのではなく、相互依存的かつ社会的な現象として理解されるべきだという、キャサリン・ルッツ（Catherine Lutz, 1988）の示唆と一致する。ルッツはミクロネシアのインファク社会で、どのように怒りの表現が、他の人の中に不安を産み出し、幸せの表現が嫉妬を産み出すかを説明した：

　　インファク文化論理では、それぞれの感情がいかに他の感情の前提となっているか、はっきりしている。多かれ少なかれ文化的様式であるこれらの交換は、社会的に獲得された筋書で、それらは文化的に解釈と学習が行われる。この感情の見方は、日常の社会的関わりの感情の流れをはっきりと反映している（p.212）。

日本の幼稚園・保育所での「甘え」と「思いやり」への応答の現れが、これと同様の事例である。「甘え」は、他の人が、求めていることに応えたいという想いと、それを可能にする「思いやり」が相互的に存在したときのみ、人と人の間で機能する。

　タキエ・リブラ（Takie Lebra, 1976）は「思いやり」を「他の人が感じていることを感じる意志と能力で、間接的に起きている喜びや痛みを経験すること、そして、彼らの望みを叶えるよう助けること」（p.38）と定義している。リブラは、日本における文化的価値は、他者の必要とするものや他者の気持ちに注意を払うのみでなく、それらを推測することにあると強調した。言い換えると、日本でよい人であるためには、他者が何を感じ、何を考えているかを理解する

ことに多くの時間と労力が必要とされる。

「思いやり」は、日本の子育てと日本の幼児教育の主な目標としてよく記述される（Kojima, 1986; Olson, Kashiwagi, & Crystal, 2001）。幼稚園教育要領の中には、ねらいを達成するために指導する項目の１つに「友だちとの関わりを深め、思いやりをもつ」とある。1989 年の『３つの文化における幼児教育』（Tobin, Wu, & Davidson, 1989）は、日本の幼児教育者たちが「同情・共感・他者への配慮」の項目を幼稚園・保育所で子どもたちが学ぶ一番大切なことだと評価したことを示している。

日本についての文化人類学的研究、心理学的研究の文献の中で、「甘え」と「思いやり」が日本文化において重要な概念であるという議論はあるが、この２つの言葉の関連性や、どのようにこの２つの言葉が「寂しい」という感情表現と繋がっているかを議論したものはあまりない。本書では、「甘え」と「思いやり」が相互的な関係であると理解するべきだと考える。経済活動において売ることなしに買うことができないように、「思いやり」の期待なしに「甘え」は存在しないし、「甘え」の認識なしに「思いやり」は存在しない。もし、誰かが「甘え」たとしても、他の人がこの懇願に応えられず、または、応えなければ「甘え」はその意味を失う。もちろん幼稚園・保育所や他の場所で、願望や依存の表現が共感的反応を導き出せないこともあるし、望んでいない、むしろ、憤るような助けが提供されることもある（これを言い表す日本語として「お節介」などがある）。しかし、それらの失敗や破綻は例外であることからも、「甘え」と「思いやり」の相互的な結びつきを確認できる。

『３つの文化における幼児教育 2009』のビデオの中に、先生たちが思いやりを直接的に促している例がいくつかある。森田先生が「魚に目がないのは寂しい」と子どもたちに語ったのは、感情の表現方法の導入と強化だ。このような直接的な手法とともに、大人の最小限の仲裁で、社会の複雑性と本物（教師が装った場面ではなく）の社会的・感情的葛藤を解決する経験を提供することで、日本人幼児教育者たちは子どもたちの共感の発達を支援している。

思いやりは、直観的な他者への感情理解、同情、向社会的行動という主に３つの側面がある。向社会的行動には、他者の感情を読み取り、心配し、それに対して何かをする能力が求められる。小松谷保育園のビデオの中に、この３つ

の思いやりの側面に子どもたちが取り組んでいる例を見ることができる。ナオの寂しさの表現に対するマキと他の女の子たちの反応は、「思いやり」の表現と理解することができる。マキがナオの手を取り一緒に遊ぼうと、保育園の門で母親から離れるように促したのは、明らかに共感と解釈できる。マキはナオの寂しさと甘えの表現を正確に見分け、あるいは読み、かわいそうだと感じ、効果的な方法で介入した。くまのぬいぐるみを共有することを拒否するナオに対する女の子たちの反応も、きつく、同情的なものには見えなくても、共感の行動といえる。ナオにくまのぬいぐるみを渡すのは、ぬいぐるみを奪うよりも一見より共感的な反応に見える。しかし、ナオの本当の願望は、くまのぬいぐるみではなく、他の女の子たちとの社会生活に参加したいというものだと森田先生は説明した。ものの取り合いが終わった途端、ナオとクラスメートたちはくまのぬいぐるみへの興味を失い、結局それはただのぬいぐるみとなった。もし、年上の女の子たちが、ナオにくまのぬいぐるみを持つことを許したとしたら、それは同情の行動だろうが、共感の行動ではない。それは、社会的な関わりを持ちたいというナオの本当の願望を間違えて捉えているからだ。ナオがくまのぬいぐるみを持つ順番ではないと判断したとき、年上の女の子たちはナオにくまのぬいぐるみを持たせるかわりにくまのぬいぐるみを奪い、ナオを責め、改心させる機会とした。大人にはきつく見えるかもしれないが、ナオが感じているのが寂しさであり、必要なものが注目だとしたら、これらの年上の女の子たちの行動は、社会生活に加わりたいというナオの願望への適切かつ有効な反応である。

自制を要する教授法

　森田先生は、あえて仲裁はしない。だが、仲裁するときは、戦略的にかつ自制しながら女の子たちの関わり合いを支援した。第3章で議論するように、日本人幼児教育者は仲裁しないことを行動の欠如と見なさず、判断と自制を必要とする教授的行動だと見る。森田先生が仲裁しないこと自体を共感の行動と言うことができる。ケンカに割って入ることは、ナオの願望と女の子たちの反応を読み間違えたことになり、ナオと他の女の子たちが望んでいない状況（大人

の介入）になる。

　森田先生が子どもたちのケンカから一歩引いて仲裁しないのは、感情の発達と社会性の学習には、一方的な指導や、大人と子どもの一対一の関わりから学ぶよりも、子どもたち同士の関わりの経験の中から学ぶ方がよいという文化的教授信念が反映されている。日本では1クラスの子どもの数が多く、1人の教師に対する子どもの数も多いためか、教師が常に個々の子どもたちに一対一で注意を払うことは少ない。トービン、ウー、デヴィッドソン（1989）は、日本の幼稚園・保育所において1人の教師に対する子どもの数の多さが維持されているのは、文化的理由からだと議論している。もし1人の教師に対する子どもの数が少なく、1クラスが少人数だったら、教師たちはより介入する傾向になるだろう。その結果、子どもたちは大人に介入されずに感情に満ちた場面で仲間と対話する機会を逃すことになる。

感情の身体的経験

　日本人幼児教育者が子どもたちの社会性や情緒の発達を支援するとき、あまり仲裁しない方法をとるのは、感情を身体的経験から学ぶことの意義への信念が根底にあるからだ。*Inside Japanese Classrooms* の中で、ナンシー・サトウ（Nancy Sato, 2004）は日本人教師たちが経験を通じた学びに価値をおいていることを強調し、「経験」と英語に訳せる3つの日本語の単語を説明している：

　　1つ目は、見聞または見聞。「見る」と「聞く」という2つの漢字の組み合わせによる言葉だ。これは目と耳から経験すること……2つ目は、時間の経過の中で得る「経験」……3つ目は、経験ということばと対照的に使われ、身体全体を通しての経験を意味する「体験」だ。体験の2つの漢字は、「体」と「験」の言葉。全ての身体と全ての感覚を使い試すことは、より包括的な経験の手段だ。何人かの園長たちと教師たちは、本当の意味での学びに大切なのは体験だと言った。この学びにおける身体全体の重要性は、日本の教育的考えの中で認められており、私が観察した教育実践の基にある（p.87）。

　日本の初等教育において、経験を通して学ぶことに重点が置かれているというサトウの発見は、日本の幼児教育者が、子どもたちがいかに経験を通して社会性や情緒能力を発達させていくかを語る中での本研究の発見と一致する。例えば、森田先生に、ケンカから子どもたちは何を学びますかと聞くと、「子どもたちは色々な感情を知ることになります。ある日は、言って悲しい想いを経験するかもしれないし、別の日は、言われて悲しい想いを経験するかもしれない。子どもたちはこれらの気持ちを実際の体験なしに理解することができないのです」と答えた。森田先生の同僚、野上先生は、くまのぬいぐるみを巡るケンカの場面について、「これは子どもたちが誰かを叩くとき、どれくらい力を入れていいか力加減を知っていく方法です。力を入れすぎると、人を傷つけることを学ぶのです。子どもたちは自身の身体で体験する必要があって、そうじゃないと、自分の力加減がわからないのです」と語った。この2人の先生が経験を意味して使った言葉は「体験」で、感情経験は身体的特質を伴っていると強調している。

　キャサリン・ルイス（Catherine Lewis, 1984, p.78）は、5歳の2人の男の子の間に起きたケンカに先生が割って入るのではなく、ケンカに負けた男の子に、涙をこらえて自分の気持ちを隠すのではなく、泣くように促した教師の例をあげている。ここでの先生の理論は、クラスメートとの社会的関わりには気持ちのコミュニケーションが求められ、もし1人の子どもがケンカで泣いたり、他の方法で痛みや欲求不満、心が傷ついたと伝えたら、1人またはもっと多くの他の子からの共感的な反応を引き出すことに繋がるというものだ（Lewis, 1995, pp.126-30）。1人の子どもが他の子を傷つけている状況で、教師が介入の必要を感じたら、アメリカの幼稚園のように攻撃的な子を制止したり、もっと共感的になるように促したりするのではなく、弱い子に望ましい共感的反応を引き出すように、痛みをもっとはっきりと示すように促すのだ。このような複雑な人間同士の関わりは、教師の介入の結果から学ぶよりは、実際の身体的経験を通して習得されると信じられている。

　貝塚先生が2人の男の子のケンカを仲裁しているまどか幼稚園のビデオの中の場面に、この教授的手法の他の例を見ることができる。子どもたちが家に帰る準備をしているとき、涙ぐんだノブが貝塚先生に近寄ってくる［画像2.5.-

画像 2.5.

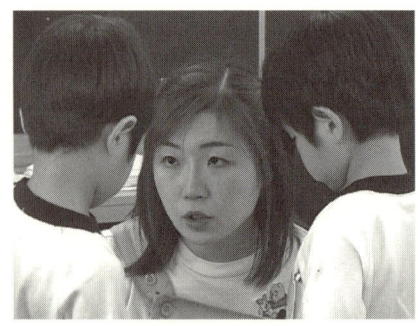
画像 2.6.

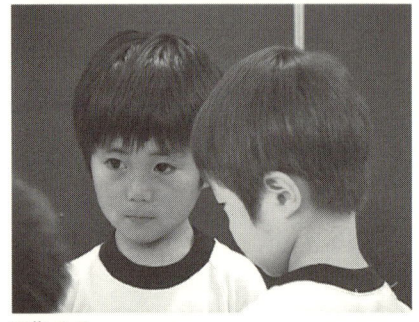
画像 2.7.

画像 2.8.

画像 2.9.

画像 2.10.

画像 2.5.「ユウスケが、ぼくの髪を引っ張った」　　画像 2.8.「神様だって見ているんだよ」
画像 2.6.「本当？」　　　　　　　　　　　　　　　　画像 2.9.「なにか言うことあるよね？」
画像 2.7.「考えてごらん」　　　　　　　　　　　　　画像 2.10.「ごめんね」

10.]：

ノブ：ユウスケがぼくの髪を引っ張った～。

貝塚：どうして引っ張ったの、ユウスケ君？

ユウスケ：だってね、ノブ君がつねったの。

貝塚：ノブ君が先につねったの？　本当？

ノブ：違う。

貝塚：おかしいなぁ。

ノブ：歩いて来てぼくの髪を引っ張ったんだ。

貝塚：それでつねったの？　ノブ君、つねったのかなあ？　つねってないのかなあ？　ユウスケ君はつねられたって言ってるけど、つねっちゃったの？　先生、嫌だなぁ。神様だって見ているんだよ。わかった？　考えてごらん。本当のこと言えるようになったら、先生のところに来て。2人共考えてみて。先生ね、何をしちゃったかより嘘をついているのが嫌だよ。自分がしたことをもう一度よく考えてごらん（貝塚先生は時々ボタンをかける手助けを求める女の子に注意を向ける。ユウスケは離れていく）。ユウスケ君、戻って来て。終わってないよ。

ユウスケ（目に涙を浮かべて、泣きながら）：ぼくが先にやった。

貝塚：悪いことしちゃったときにごめんねって言うのはすっごく大事。先生だってね、お友だちに悪いことしちゃったこともあるよ。でもね、悪いなって思うから、謝るの。謝ったら、気分もよくなるよ。わかった？　何か言うことあるよね？

ユウスケ：ごめんね。

ノブ：いいよ。

貝塚（ノブに）：ごめんね、だね。

ノブ：ごめんね。

ユウスケ：いいよ。

貝塚：急いで着替えちゃって。みんな待っているよ。

貝塚先生の怒った声のトーン、表情、体勢は、その間の彼女の実際の感情を

反映しているわけではない。男の子たちに本当のことを言わせ、謝らせるだけでなく、おそらく友だちとケンカをすることが悲しいことだと身をもって感じることが大事なことと考えて、感情を表現している。先生が男の子たちをだまそうとか、男の子たちに対して誠実ではなく心配を装っているというのではなく、男の子たちから望ましい身体的・感情的反応を引き出すために、大げさな身振りで心配を表現しているのだろう。この解釈を導くのは、時折ボタンをかけるのに助けが必要な子どもたちに遮られると、先生は落ち着いて彼らに忙しいと伝えるか、または、ケンカをしている男の子たちの間を仲裁しながら、ボタンをかけ続けている場面である［画像 2.11.］。これは、2 人の 4 歳の男子たちに見せた先生の強い感情は、注意深く考え作られた技術と表現であり、結果として期待していた効果をもたらしたことを暗示している。貝塚先生は「彼らが嘘をつき通してしまうことを心配していて、もちろん、困惑はしていません。これはこの年齢の子どもたちによくあるやりとりだと思います」と語った。

　ビデオの中に、貝塚先生と他の先生たちが表情・声・身体を使って色々な感情を大げさに表現する多くの例がある。1 つは本章の最初で、森田先生が声と顔を使って、折り紙で作った目のない魚の悲しさを表現していたものだ。まどか幼稚園のビデオの中に、貝塚先生が子どもたちに「夏休みの間みんなに会えなくて寂しいな〜。だからお手紙を書きますね」と語る場面がある。これを言ったとき、彼女は演技っぽく、目をさげて悲しい顔をし、手を使って泣いた真似を表現した［画像 2.12.］。

画像 2.11. 言い争いの間にボタンをかける貝塚先生

画像 2.12. 目をさげて悲しい顔をし、手を使って泣いた真似をする貝塚先生

画像 2.13a., b. ロバの悲しい顔を表現する池田先生と心配そうな子どもたち

　明晴学園で、池田先生が子どもたちに、友だちのために、一晩中寝ずにリュックサックを作ったロバの話を読んでいる場面がある。お話のある箇所で、絵本の中の悲しいロバの仕立屋さんの絵を指差し、子どもたちにこう聞いた：

　　どうしてロバさんはこんな顔をしているの？　遠足に行く計画を立てたけど、ロバさんは自分のリュックサックを作るのを完全に忘れちゃった！

　これを言うとき、先生がロバの悲しい顔を作ると、クラスの子どもたちはその顔を真似た［画像 2.13a., b.]。

身体的感覚

　幼児教育者たちは、悲しさ・怒り・欲求不満といった感情だけでなく、もっと直接的な感覚、例えば、お腹が空いた・疲れた・寒い・汚い・ぬれたという感覚を子どもたちが経験することも重要視する。例えば、泥だらけになるだけでなく、泥だらけであると感じる経験や、重いリュックサックを背負って遠足に行くだけでなく、

画像 2.14. 重いリュックサックを背負う

達成感とともに身体を駆使することからくる疲労感と筋肉痛を感じる経験に重点を置く［画像 2.14.］。

『3つの文化における幼児教育』研究の中に、小松谷保育園のある朝の記述が含まれている。吉澤秀則園長が朝の体操のために園近くの泥の広場に、予定外の小遠足を決めたときのものだ（p.61）：

トービン：なぜ子どもたちをあそこに連れて行ったのですか。

吉澤：最近の子どもたちは園庭の遊具やおもちゃを与えられないとどうやって遊んでいいかわからない。子どもたちをあの広場に連れて行ったのは、特別な道具なしにどうやって遊ぶかを学べるからです。子どもたちが何もない広場でも楽しいっていうことを発見できるということです。

トービン：泥だらけなのを知っていましたよね？

吉澤：泥だらけになってほしいから、子どもたちをあそこに連れて行くことを選んだのですよ。今朝あそこに行って泥を見て、大きい子たちを連れて行くことを決めたのです。ほとんどの子たちが泥をつけるのを嫌がっていたのに気づいたでしょ？　最近は、多くの子どもたちが子どもらしくいることを知らないのですよ。特に、毎日、1日中、遊べる道具がある園にいる保育園の子どもたちは。私たちが連れて行かないと、彼らは泥の中で遊ぶ機会もなく育っていくのですよ。

エヤル・ベン・アリ（Eyal Ben-Ari, 1997）、ダニエル・ウォルシュ（Daniel Walsh, 2002; 2004）、レイチェル・バークとジュディス・ダンカン（Rachael Burke, Judith Duncan, 2014）が強調しているように、日本の幼稚園・保育所では走ること・飛ぶこと・登ること・自然世界と関わることや、ベン・アリが「グルーピング」と呼ぶ、身体が触れるほど近くにいることを含めた身体的経験に高い価値を置いている。

小松谷保育園のビデオの中に、子どもたちが泥の中で遊び、ぬれている場面［画像 2.15.］と、一緒に寝ている場面［画像 2.16.］がある。まどか幼稚園のビデオの中には、靴の中を水でいっぱいにする男の子たち、カブト虫と遊んでいる男の子たち、そして、スズメのうんちは臭いというおちゃらけた歌を歌う場

画像 2.15. ぬれること

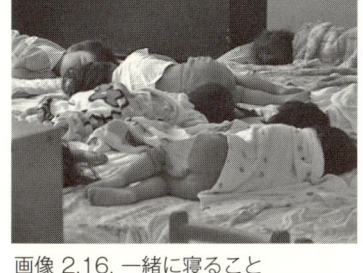
画像 2.16. 一緒に寝ること

画像 2.17. うんちは臭い？

画像 2.18. 田植えの日

面がある［画像 2.17.］。本研究で、たまたま田植えの日に明晴学園を訪ねたとき、先生たちは半袖と半ズボン、幼稚部の大きい子たちは体操着、小さい子たちは裸だった［画像 2.18.］。みんな頭から足の先まで泥だらけだった。

　重要視されている身体的感覚の経験は、自分が身体的に痛みを感じたり、他者を傷つけたりするところにまで範囲が及ぶ。京都のある幼稚園の園長は「小さい怪我は大きい怪我を防ぐことになる。だから、子どもたちがちょっとの怪我をするのはいいんです。小さい怪我をさせること、でも、大きな怪我をさせない、それが教師としての仕事です」と語った。ここでの文化的教授法の原理は、子どもたちは言葉や頭だけで理解するのではなく、身体的経験を通して学ぶということだ。その身体的学習は個人での経験だけではなく、集団での経験を通して行われる。子どもたちは、ケンカする・泣く・泥んこになる・一緒に寝るといった身体活動を共有することを通して、社会の一員になる感覚を発達させていく。

寂しさ・共感・社会性

　日本の幼児教育者たちの重要な教育目標は、子どもたちに感情を経験する機会を提供することだ。全ての感情が同様に重要ではなく、例えば、怒りや恥ずかしいといったことよりも、「寂しい」「悲しい」がより重要視される。幼稚園教育要領の中にその例を見ることができる。そこには、「友だちと積極的に関わりながら喜びや悲しみを共感し合う」と書かれている。本研究では、悲しさと寂しさに高い価値が置かれているのは、この感情から「思いやり」が産み出され、社会と関わりたいという気持ちを刺激するからだと示唆する。寂しさと社会性は相互に繋がっている。寂しいと感じることは他の人との繋がりを求める動機となる。従って、寂しいと表現することは、孤独な人をグループに入るよう招き入れる共感的反応を産み出す。寂しさについて一緒に話したり、直接的または間接的に寂しさを共に経験したりすることは、グループの結びつきを強くする間主観性の感覚を養う。

　子どもたちは、共感的反応を得られるように行動する「甘え」を表現することを学ぶ必要がある。もし「寂しさ」を感じてもそれを見せなければ、もしくは助けが必要でも助けが必要なことを隠せば、他者からの共感的な向社会的反応を引き出す可能性を除くことになる。「甘え」の表現を学ぶことは、小さい子どもたちにとって重要な発達課題である。子どもたちは、幼稚園・保育所で「甘え」と「思いやり」の両方を経験する多くの機会を得る。それは、彼らの求めるものを表現し、先生や仲間から求めているものへの反応を引き出し、他の人が求めているものに反応できる機会である。日本の幼稚園・保育所の教授法で焦点をあてている感情は「寂しさ」「甘え」「思いやり」である。この3つの感情は、2つの意味で相互的である。1つは、個人的内面としての感情というよりは、人と人との間での感情で間主観的である点、もう1つは、個別の事象ではなく、表現と反応が連続的に繋がっている点だ。

　本研究は、心理文化人類学者によって感情は相互的であるとして理解される必要があると主張している研究に準じ、その議論を支持し、その流れを拡げたものであるといえるだろう（Lutz, 1988; Bender et al., 2007）。

第3章

「ギャラリー」

画像 3.1.ギャラリーの子どもたち

「見て！　ギャラリーがいるじゃない？」

　本研究で使う研究法の1つが、『3つの文化における幼児教育 2009』研究で行われたインタビューデータの再分析だ。それらを再分析しているうちに、京都の泉山幼稚園の熊谷簗子園長のコメントを見落としていたことに気がついた。

熊谷園長がまどか幼稚園の髪の毛を引っ張ったというケンカ場面を見て、「見て！ ギャラリーがいるじゃない？ ケンカはケンカをしていない子どもたちにとって重要なの。先生はギャラリーに注意を払って、その子たちが何を学んでいるのかを考えるべきね」と言った［画像3.1.］。

　熊谷園長の話に新たな目線を向け、とりわけ"ギャラリー"という言葉に注目してみると、幼稚園・保育所のクラスでのケンカ場面の分析で、何か大切なものを見落としていたことに気づいた。直接ケンカに関わっている子どもたちのみに焦点をあて、少なくとも研究者の視点からは、その周囲にいて積極的に関わることなくケンカを見ていた子どもたちに気づいていなかった。熊谷園長が"ギャラリー"と表現した子どもたちだ。映像を撮影し、編集し、それを使ってインタビューをしている過程で、ケンカ場面を何百回と見てきたが、ケンカの当事者と仲裁者の周りを取り巻くギャラリーたちに気づくことはなかった。周囲で参加している子どもたちが何を経験し、何を学び、ケンカにどう貢献しているのかを考えることもなかったのである（Hayashi & Tobin, 2011）。

　本章では、髪の毛を引っ張ったというケンカと、他のケンカ場面の再分析を提示する。この再分析は、比喩的にそして文字通り、画面中央でケンカをしているものや仲裁しているものたちから、周囲で参加している観察者（ギャラリー）に注目を移すことが求められる。日本人幼児教育者が、周囲で役割を果たす子どもたちへの信念・実践を説明するのに使った言葉と概念に焦点をあて、日本の文化的な視点を提示する。日本の文化的視点を、正統的周辺参加・観察学習・社会学習・自己制御・パノプティシズムなどの理論と類似し、一部では相違しているものとして考える。

髪の毛を引っ張ったケンカについて再び語る

　髪の毛を引っ張ったというケンカについて、今回は周りの子どもたちの視点から再び語る。子どもたちが、家に帰る準備で体操着から制服に着替えているとき、貝塚先生はつねった〜、髪の毛を引っ張った〜と責め合うケンカの仲裁をするために、2人の男の子たちを呼び寄せた。着替え中の何人かの子どもたちが、部屋の色々な場所からそのやりとりを見ている。たまたま2人の男の子

たちと先生の近くに立っていたアヤは、彼らの方に向き直ってシャツのボタンを外しながら、2人の男の子を交互に見て、そのやりとりを注意深く聞いている。下着しか着ておらず、制服のシャツを手に持っているマサは、部屋の反対側から食い入るように見て、近づいてきた。どうやら気になって着替えを終わらせられずにいる。先生の背後に立っていたヤマトは、先生の肩越しに言い合っている男の子たちを見ている。マサ、ヒロト、サクラは先生と2人の男の子たちを囲み、半円をなしている。先生が、言い合っている男の子たちの1人と話していると、ヒロトとサクラが近づいて来た。先生のすぐ後ろに立ち、両手をしっかりと腰の横に置いたサクラは、話を聞くために前かがみになった。まだ下着のマサとサクラは近寄り、考え込んだ表情をしている。先生のケンカへの仲裁が続いていると、着替えを終えた他の子どもたちが近づいて来て、見たり聞いたりしている。仲裁が終わり、マサキが左側から近づく。ヒロトは近づくと、慰めるようにノブの背中に手を置いた。ユキとヒロは、先生がケンカをしていた男の子たちに「神様だって見ているんだよ」と言ったとき、その様子を覗き込んで見ていた。貝塚先生が言いたいことを強調するためにユウスケの頭をポンとしたとき、近くで見ていたダイスケは先生の動きを真似た。

　このやり取りの10分間、誰かが必ず出来事に参加していた。アヤ・マサ・ヒロト・ダイスケ・ヤマト・ユキ・サクラ・ヒロ・マサキは色々な立場を取り、遠くから見たり聞いたり、近づいたり、ケンカをしていた男の子たちに触ったり、ポンポンとしたりした。先生は、見ていた子どもたちに何度か着替えを続けるように注意したものの、決して追いやったり、彼らに関係ないことだと言うことはなかった。

髪の毛を引っ張ったケンカについて再び焦点をあてる

　ケンカ場面の画像再分析は、概念的にかつ文字通り焦点を移すことが必要だ。「まどか幼稚園の1日」のビデオは、先生と2人の男の子たちのクローズアップショットか中間ショットの画像がほとんどだ［画像3.2.–3.］。しかし、数少ないワイドショットとクローズアップショットと中間ショットの画像の中には、画面中央からその端に注目・焦点をあて直すと、フレーム周辺に他の子どもた

画像 3.2. 主人公たちのクローズアップ

画像 3.3. 周りの子も含めた中間ショット

画像 3.4. ギャラリーを含めたワイドショット

ちがいる［画像3.4.］。撮影の中で、物理的にこれらの子どもたちは存在していたにもかかわらず、熊谷園長のコメントを聞くまで、どういうわけか彼らに気づかなかった。ギャラリーの子どもたちがなぜ見えていなかったのか。そして、彼らを見えるようにするにはどうしたらよいだろうか。見えるようにするのに必要なことは、注目の焦点を変えること、すなわち、最初は周辺的だと仮定した人物に視線を移すことである（Hayashi & Tobin, 2012）。

　この場面では視線を移すために、文字通り焦点を変える2つの方法を使った。1つ目は20分間のビデオに収まらなかった映像に戻り、ギャラリーの子どもたちがはっきりと見える場面を集める。2つ目はビデオの画像を操作する。ビ

デオ編集ソフトウェアを使い、画像の中央を端にして、端だったものを中央に
置く。

　まどか幼稚園のビデオを構成するのに、１日中２台のカメラで撮影した合計
14時間のビデオ映像を、20分間に編集した。最終版に使った映像は全体の
３％以下である。まどか幼稚園のビデオに含まれているケンカ場面は18分間
の映像を３分間に編集したものだ。編集していない場面の映像15分間を、ギャ
ラリーの子どもたちを含むクローズアップとワイドショットを探すために、
再度吟味できるということだ。元のビデオからエスタブリッシングショットを
集めてみると、クローズアップショットよりも、ギャラリーの子どもたちが、
多く見えるようになった。画像3.5a.–d. は、ギャラリーの子どもたちの参加を
示す画像である。しかし、ケンカをしている男の子たちと先生の顔がはっきり
と見えないので、編集された20分間のビデオには使われなかった。編集で使
われなかった映像で、別のストーリーを語る新しいビデオを作ることができる。

　視聴者たちの視線を移すのに使ったもう１つの方法は、編集ソフトウェアを
使ってケンカ場面の枠組みをし直すことだ。ソフトウェアは、画面の中心を変
えることを可能にする。画面の中心だったものを端に、画像の端だったものを
中心に動かすことができる。例えば、画像3.6a. を枠組みし直すと、先生の顔
を中心から枠の右隅へ、見ているタケシを枠の左隅から中央に動かすことがで
きる［画像3.6b.］。この方法における問題は、多くの場合、ギャラリーがケ
ンカをとり巻いている場面で、画像を１つの端からもう一方の端に移動させる
と、半分のギャラリーを削除してしまうことだ。１つの解決策としては、同じ
画像の２つのバージョンを隣り合わせにして、１つの画像はギャラリーの子ど
もを周囲に、もう１つの画像はギャラリーの子どもを大きくして中央に持って
くることだ［画像3.7a., b.］。

　他の有効な手法は、スクリーンを２つか３つにわけて、視線を中央から外し、
見る人にどこに焦点をあてるかの選択肢を与えることだ。スクリーンを３つに
分割したとき、左右にいた子どもたちは、それぞれの区画を与えられる。画像
3.8a. と b. で、左図でダイスケが真似ている先生の動作を示しながら、右図で
ダイスケが頭をポンとたたくことに焦点をあてた。画像3.9a., b., c. はスクリー
ンを３分割したもので、真ん中は先生に焦点があたっていて、両端のものは

画像 3.5a. 画像 3.5b.

画像 3.5c. 画像 3.5d.

画像 3.5a.–d. 20 分間のビデオに使われなかったギャラリーのショット

画像 3.6a. 画像 3.6b.

画像 3.6a., b. 左端のタケシと焦点をあてられたタケシ

画像 3.7a., b. 左端のサクラと
クローズアップのサクラ

画像 3.7a.

画像 3.7b.

画像 3.8a., b. 先生の動作と先生が頭をポン
とたたくのを真似るダイスケ

画像 3.8a.

画像 3.8b.

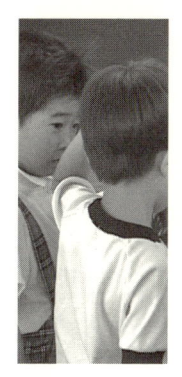
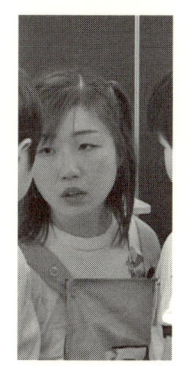
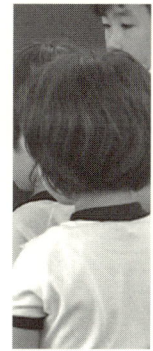

画像 3.9a., b., c. 3分割された
スクリーン

画像 3.9a.
タケシ

画像 3.9b.
先生

画像 3.9c.
マサ

画像 3.10a.

画像 3.10b.

画像 3.10c.

画像 3.10d.

画像 3.10a.–d. 矢印で示されている下着のままのマサ（矢印）が主人公たちに近づく

タケシ（左）とマサ（右）の心配そうな顔に焦点があたっている。

　さらに他の方法は、編集ソフトウェアを使い枠組みをし直し、周囲にいた子どもに焦点をあてた部分を集めて、ビデオの一場面を作ることだ。例えば、マサから始まる 20 秒の場面を作った映像がある。部屋の後ろの隅で、シャツを表返すのに苦労していると、先生と男の子たちのやり取りに気づき、何が起きているのかを見に近づいてくる。その間もずっとシャツと格闘している。一連のスチール写真で、動きの流れを再度描写することができる［画像 3.10a.–d.］。貝塚先生が 2 人の男の子たちとケンカについて話しているとき、見ていたヒロトが涙ぐんでいるノブに近づき、背中をポンとたたいた［画像 3.11.］。貝塚先

画像 3.11. 背中をポンとたたくヒロト

画像 3.12. 先生を真似て頭をポンとしよう
とするダイスケ

生が男の子たちに、強調のためにノブの頭をポンとたたきながら「神様だって
見ているんだよ」と言ったとき、見ていたダイスケがノブの頭には触らない程
度に貝塚先生の動作を真似た［画像3.12.］。

表現としてのケンカ

　くまのぬいぐるみを巡るケンカについても同じような再分析ができる。ここ
では焦点を、ケンカをしている女の子たちから、ケンカの周りに集まっている
子どもたちに移す。子どもたちはケンカをときにはただ見たり聞いたり、とき
には何かを言ったり、ときには近づいて来て勇気づけの手を背中に置いたりし
ている。セイコ、レイコ、ナオがくまのぬいぐるみを巡りケンカをしていると
き、1日を通してナオに親切なマキは近くを通りかかり、最初はケンカを見て
いた。その後、3人の女の子がくまのぬいぐるみを押したり引いたりしている
ときに、手を一瞬中に入れて、少しだけ関わりを持った［画像3.13a., b.］。マ
キは女の子たちのケンカが激しくなってくると後ろへ下がり距離を置いて見て
いた。女の子たちが床に転がって、取っ組み合いの末、ナオからくまのぬいぐ
るみを奪うことに成功した。

　ナオはくまのぬいぐるみを奪われて泣き始めた。するとマキがナオに近寄っ
て来て、慰めるように彼女に触れた。仲裁の試みとして、マキはかがみこみ、
ナオにくまのぬいぐるみを取り返されないよう机の下に隠れているセイコと話

画像 3.13a., b. 女の子たちのケンカで、マキは見ていて、心配し、ナオに助けを出す

画像 3.14. マキがセイコと話す

画像 3.15. ヨウコがナオに説教をする

画像 3.16. トシ（暗い色のＴシャツ）が
見ている

画像 3.17. ナツコ（格子柄のＴシャツ）は
指切りを見ていた

した［画像 3.14.］。マキはセイコに、出てきてナオとこの状況について話すように説得している。ヨウコは近づいてきて話し合いに参加し、他の人がくまを先に持っていたら奪っちゃダメだとナオの行動に対して、説教をした［画像 3.15.］。

　ヨウコがナオに話しているとき、トシが画面に入ってきて、少しの間、見たり聞いたりして、手をナオの背中に置いた［画像 3.16.］。くまのぬいぐるみのケンカは、ナオとセイコが小指をつないで、「指切りげんまん嘘ついたら針千本の〜ます」と歌い、終わりとなった。その様子をナツコは見ていた［画像 3.17.］。

　20分間のビデオに収まらなかった残りの映像を見直したとき、以前見逃していた何かに気づいた。くまのぬいぐるみのケンカが指切りで解決してから10分程して、森田先生は片づけの時間だと伝えると、女の子たちはいくつかのくまのぬいぐるみを収納箱に戻した。近くでずっと見ていたマキが、収納箱からナオとレイコが奪い合っていたくまを取り出し、ナオに近づいて渡し、ナオを収納箱に導いた。これによって、ナオはくまのぬいぐるみに触り、抱っこした最後の人になれたのだ［画像 3.18a., b., c.］。マキのここでの行動に、重要な場面において、ギャラリーのメンバーがどのように観察者あるいは観客の役割から参加者になるかの例を見ることができる。マキの行動が一連の事態を終結させ、指切りの約束を越えた共感という次元に導いている。

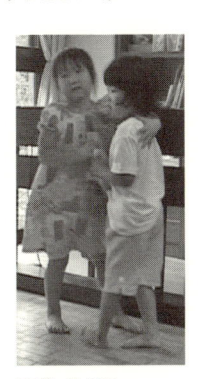

画像 3.18a. 　　　　　　　　　画像 3.18b. 　　　　　　　　　画像 3.18c.

画像 3.18a., b., c. マキはナオにくまのぬいぐるみを渡し、腕をナオに回し、ナオを抱えた

このくまのぬいぐるみを巡るケンカ場面を見た何人かの日本人幼児教育者たちは、「ケンカ」より「遊び」という言葉をこの女の子たちの関わりを示すのに使った。小松谷保育園の吉澤園長は「はげしい遊びとケンカの違いを見分けられるのが本当の意味での専門家としての保育士だ」と語った。ある東京の保育士は「基本的には、彼女らはじゃれ合っている」と言った。「じゃれ合う」は子犬や子猫が甘噛みし、遊び、関心をひきつけ、大人になる準備としてケンカごっごをする様子を表すときなどによく使われる。

　これらのコメントは日本の幼児教育者が、ここでの子どもたちはケンカをしているというよりは遊んでいると見ていることを示唆する。そして、それらの遊びは表現という側面があることを示唆しており、熊谷園長が周囲でケンカを見ている子どもたちをギャラリーという言葉で言い表して重要視しているものでもある。見ている子どもたちは観客であり、ケンカをしている子どもたちは役者である。演劇に観客が必要なように、まさにそれらのケンカもギャラリーが必要だ。髪の毛を引っ張ったというケンカとくまのぬいぐるみを巡るケンカの両場面で、先生たちは周囲にいる子どもたちに「向こうに行きなさい」とは言わなかった。それは、彼らがギャラリーの参加に価値を置いていることを示している。これらの場面に対する日本人幼児教育者のコメントは、ケンカの中でのギャラリーの役割は複雑で、従って、ギャラリーのメンバーであることは、ケンカをしている子どもたちに対する社会的制御の型であり、子どもたちにとって重要な学ぶ機会でもあることを示唆している。

共感と周りの子

　ギャラリーという言葉は、見ている子どもたちは受け身だとの印象を与えるかもしれない。しかし、本研究でインタビューした日本人幼児教育者は、ケンカの周りに集まってきたギャラリーのことをそのように言い表してはいない。何人かの先生たちは、ギャラリーのメンバーであることと野次馬または傍観者であることの違いを定義することで、能動的観察と受動的観察の違いを明確にした（Akiba, 2004; Morita & Kiyonaga, 1996）。野次馬という言葉は、事故現場での人々の行動を記述するときなどによく使われる。例えば、自動車事故の周

りに好奇心から集まり、何が起きたのか、誰の責任かなどを推測したりしている人々を野次馬と呼ぶ。

　その言葉のニュアンスは否定的で、それらの周りに集まっている人たちは、心配からというよりは好奇心から行動し、自分も同じようにスリルを味わいたいとの欲求が動機になっている。1人の先生が、ビデオの中のギャラリーの子どもたちについて「野次馬みたいに見えるけど、本当はそうじゃない。彼らは心配しているの」と言った。この先生は、子どもたちの心配している様子は、共感を意味していて、野次馬というよりは正当的周辺参加者だと示唆した。「傍観者」は、社会心理学の分野で「傍観者効果」などの専門用語として使われている言葉である。これは参加意思のない見物者のことを表すときに使われる。東京の幼稚園教諭は「ケンカをしている子どもたちを見ている周りの子どもたちは傍観者ではない。友だちを心配していて、みんな参加者なのです」と語った。

　劇の聴衆のように、ケンカの周りに集まるギャラリーの子どもたちは、見るという行為で潜在的に教えられたり感動したりする。日本人幼児教育者は、ケンカやその解決から学ぶのは直接的に関わっている子どもたちだけでなく、観察学習や共感的同化を通して、見ている子どもたちでもあることを強調する。感情が高ぶったクラスメートのやり取りを周りで見ている子どもたちの経験について語るとき、日本人幼児教育者たちは、気持ち・同情・思いやりという言葉を何度も使った。1人の先生が「他の人に共感するのは重要です」と言った。

　ギャラリー経験は、クラスメートが経験していることを観察している子どもたちがともに感じる周辺参加の1つの形として考えることができる。ケンカ場面でのギャラリーの子どもたちの行動も、その場面に対する日本人幼児教育者の振り返りも、ジャン・レイヴとエチエンヌ・ウェンガー（Jean Lave & Etienne Wenger, 1991）の概念である「正当的周辺参加」とそれに関連した「観察学習」と「意図的参加」の概念と大体一致している。バーバラ・ロゴフとその同僚たち（Barbara Rogoff et al., 2003）は「意図的参加」を、「関わりを見込んで、または、関わる過程で、熱心に観察したり耳を傾けたりすること」（p.176）と記している。スザンヌ・ギャスキンズとルース・パラディス

(Suzanne Gaskins & Ruth Paradise, 2009) は、「観察学習とは、典型的には馴染みのある状況で起き、1人が活動を行い、知識の少ない他の者が、その活動の様子を見ることだ」(p.85) と書いている。レイヴとウェンガー (1991) は、正当的参加をこう定義している：

　新しい人たちと昔からいる人たちとの関係について、そして、活動、同一性、人工物、コミュニティの知識と実践について語る言葉である。人の学ぶ意図が連動し、学ぶことの意味が、社会文化実践の完全な参加者になる過程を通して形成される。この社会的過程には見識のある技術を学ぶことも含まれる (p.29)。

　ここで提示した日本の実践と信念は、周辺参加と観察学習に関する文献の多くの記述といくつかの重要な点で違う。

　1点目は、周辺参加と観察学習を認知技能または認知面での学びとしているのではなく、社会的能力と感情面での学びとしている点である。子どもたちはどのように感じるか、感情をどう扱ったらいいのか、コミュニティの一員としてどう振る舞ったらいいのかを、観察と共感的同化を通して学ぶ。感情と社会性の側面における学びは、認知と技術の側面を強調している周辺参加についての文献ではあまり議論されていない。しかし、文化化についての心理文化人類学の文献や観察学習の概念についての分野では、よく記述されている (e.g., by Briggs, 1999；Hayashi, Karasawa, & Tobin, 2009)。例えば、ギャスキンズとパラダイス (2009) は、子どもたちは周りで起きているやり取りを観察することで、社会的行動と社会の役割に関する文化的構造規則を学ぶと示唆している：

　彼らは特定の社会における、ある一連の社会的行動を、観察することができる。それをバンデューラ (1977) は代理強化と呼んだ。社会区分を同じくする他の人たちを観察することによって、他者を「私みたい」(例えば、性別・年齢・民族・階級) と受け止める (p.108)。

　本章で提示しているギャラリーである仲間の学びと、レイヴとウェンガーの

いう正当的周辺参加の概念、またロゴフとその同僚のいう意図的参加の概念との2点目の重要な違いは、正当的周辺参加と意図的参加の概念は仲間内というよりは上下関係の中での学びを強調しており、多くの場合、観察する者と観察される者を「古くからいた者と新しくきた者」や「師匠と弟子」として記述する。このような上下関係的な形の周辺参加は、芸術の世界での伝統的な師弟関係からの学びで有名である（Singleton, 1998）。上下関係の中での学びが、日本で重要ではないとか、日本の幼稚園・保育所では見られないと言っているのではない。1989年と2009年の『3つの文化における幼児教育』の両書は、小松谷保育園と他の園の先生たちが、小さい子たちと大きい子たち両者にとっての縦割り教育の重要性を説いていると記述している（Tobin, Wu, & Davidson, 1989; Tobin, Hsueh, & Karasawa, 2009; Ben-Ari, 1996）。しかし、年長者からの学びに価値が置かれているのと同時に、日本の幼稚園・保育所では仲間内の関係からの学びの重要性と価値をかなり強調している。「仲間」とは相対的な単語である。同じ学年の同じクラスの子どもたちでも、そこには違う月齢と経験値がある。ナオはクラスでは、一番幼く、一番新しく入ってきた子どもだ。そして、森田先生は、そのことがくまのぬいぐるみを巡るケンカでの女の子たちの行動に影響を及ぼしていると示唆した。しかし、森田先生や他の日本人幼児教育者によると、子どもたちにケンカと感情経験を許すことの価値は、直接的または間接的に、子どもたちがコミュニティの仲間としてお互いに関わることにある。

　3点目の違いは、レイヴとウェンガーのほとんどの具体例は、人々が個人として学ぶものだが、ギャラリー場面ではグループでの学び、そして、グループでの経験が強調されていることである。これら全ての指摘が、レイヴとウェンガーの「正当的周辺参加の概念」、ギャスキンズとパラディスの「観察学習」、ロゴフとその同僚の「意図的参加」と一致していないわけではない。周辺参加と意図的参加は、技術を学ぶだけでなく、コミュニティの適切なメンバーになるように個々人を助けることで成り立っているという点において、どの理論も暗に社会性と関係している（Singleton, 1998）。ここでの主張は、社会性や感情技術の習得、仲間と共にそして仲間から学ぶこと、グループとしての周辺参加により明確に焦点をあてることで、日本の文化的視点が周辺参加と意図的参加の概念を深めることができるということだ。

ギャラリーの身体的関与

　1996年の日本の保育所での昼寝についての論文で、ベン・アリは、ライラ・アブ・ルゴドとルッツ（Lila Abu-Lughod & Lutz, 1990）の「感情の身体性」の考え方を使って、日本の子どもたちが、家族と学んだ感情のやりとりの形を保育所のクラスメートと関わるときにどのように用いるかを記述した。ベン・アリは、一緒に寝ることの様々な感覚経験に焦点をあてた。似たようなことは、幼稚園・保育所での子どもたちのケンカにおける感情の身体性にも見ることができる。ケンカをしている子どもにとって、くまのぬいぐるみを巡る争いは明らかに身体的である。それは身体が接しているという意味だけでなく、床を転げたり、くまのぬいぐるみを引っ張ったり、約束をするときには小指を絡ませ、涙をふいたり、ケンカが終われば抱き合ったりと、子どもたちが密接に視線・音・運動感覚・匂いの経験を共有しているからだ。一方で、ケンカの当事者ではなく、周囲に集まって様々な感覚を使いながら行動を起こしている子どもたちが、どのように感情の身体的学習経験をしているかはあまり明白ではない。ギャラリーの子どもたちは受け身ではなく密に関わり、ときにはケンカの役に接近し、接触する。さらに、舞台の動きから少し離れた席にとどまっている劇場の観客とは違い、周りを動き回り、ときには主人公に接触できるほど近くに寄ったり、後ろに下がったり、ときには身体を使って主人公の動きを真似たりする。

集団制御　対　自己制御

　ほとんどのアメリカ人幼児教育者の実践と信念は、西洋の子どもの発達理論と同様に、反社会的行動の制御を自制として概念化している。それに対して、日本人幼児教育者は、くまのぬいぐるみを巡るケンカと髪の毛を引っ張ったというケンカへの振り返りで、自ら監視し自ら律するコミュニティとしての機能を子どもたちが学ぶ重要性を強調した。正しくない行動を規制するものは、個別の子どもというよりは、グループにあるのである。日本人幼児教育者はギャ

ラリーを傍観者の一団と考えるのではなく、集団的な向社会的行動を誘導し、他の人の反社会的行動を規制する力のあるものだと考えている。

　幼児教育者たちに、「今までケンカを見ている子どもたちに、向こうに行くように伝えたことがあるか」と聞いたとき、ほとんどの教師が「ない」と答え、そのような参加は見ている子どもにとってだけでなく、見られている子どもにとっても大切だと強調した。例えば、東京の幼稚園教諭は「ほとんどの場合、直接的に関わっている子どもたちに、他の子たちがあなたたちのことを気にかけ、心配していると伝えます」と答えた。共感し、感情的支援をするだけでなく、観察している子どもたちは、ケンカの当事者たちにそれなりの影響を与えているように見える。北海道教育大学臼井博教授（当時）はくまのぬいぐるみのケンカ場面について「見ている子どもたちはケンカを制御する要因の1つとして機能しています。観察者たちは強い者が弱い者からものを奪い取ることをさせないのです。彼らはケンカをしている者たちに自己制御を与えていると言えます」と語った。臼井教授のコメントは、自己制御とはグループでの集団能力であって、幼稚園・保育所は、この集団能力を経験し、学び、練習し、育む場として重要であるという日本の文化的信念を示している。

　これらのケンカ場面を見ている子どもたちは、受動的な観察者というよりは、何点かのレベルで能動的だ。見ることに参加することを選んだという意味で、さらに、観察している行動に反応するという意味でも能動的である。見ていた子どもたちのうち何人かは、演ずる者たちと観客の間を埋めたり、文字通り行動を起こしたりした。例えば、レイコが「ナオを怒って」とヨウコに言うまでは、ヨウコはくまのぬいぐるみのケンカを周りで見ていた子どもだった。ヨウコはこの呼びかけに応え、ギャラリーの立場を捨て、行動する人となった。ナオを怒っているとき、ヨウコは腕を腰に当て、まるで先生か母親を演じているようだ。まどか幼稚園のビデオでは、ギャラリーのダイスケが、先生の身振りを真似て、言い争いをしていた1人の子の頭に手を差し伸べ、軽くたたいて、身体的に関わったことを確認できる。

　町山園長は、まどか幼稚園でのケンカを見ている周りの子どもたちを「外野は友だちを見ることを選択したのです」と、ギャラリーではなく、外野と言及した。外野という単語は、野球で使われる言葉では、外野、外野手、外野席

（に座っているファン）などを意味し、そのような意味では、ギャラリーという単語に近い意味だ。外野手はほとんどの試合時間、内野の行動からある距離を置いたところで守備に就いているが、彼らの能動的な参加は非常に重要だ。ケンカの周りにいた子どもたちは、町山園長の比喩によれば、自分のチームを外野席から応援するファンのようでもあり、必要なときにプレーできるように準備して、待ち受けている外野手のようでもある。

　日本のそして他の多くの国における、現代のほとんどの子どもたちにとって、幼稚園・保育所は、子どもたちがコミュニティのメンバーになることを学ぶ初めての機会を提供する。日本の幼稚園・保育所は、子どもたちにとって、社会的志向とも言える日本人に特徴的な自己の感覚を持つことを学ぶ場である。日本人幼児教育者が持つケンカにおける周辺参加の概念は、日本の幼稚園・保育所のクラスが、子どもたちに集合的かつ個人的な自己の感覚と社会的責任を発達させる場としてどのように機能するかを示した一例である。

　集合的な自己制御という概念は、西洋人の耳には矛盾しているように聞こえるが、日本ではそうでもない。日本人幼児教育者がケンカや他の反社会的行動をどこで制御するかというと、個人というよりはグループレベルだ。これは、西洋の心理学の理論、自己制御理論、もっと一般的にいうと、子どもの発達理論にとって有益で新たな知見である（Shimizu, 2000）。向社会性の発達についてのほとんどの心理学的研究は、それぞれの子どもがどのように感情を経験・表現し、行動を制御し、または制御に失敗するかに焦点をあてている。ナンシー・アイゼンバーグとトレーシー・スピンラッド（Nancy Eisenberg & Tracy Spinrad, 2004）は、「自分自身の感情制御が可能であることと、主に他者の努力を通して感情を調整すること」（p.336）と、自己制御と外的調整の区別をした。日本の文化的視点は、この区別を「自分たち自身の感情と行動によって制御されたグループと、他の人によって制御されたグループ」と置き換えるだろう。

　行動制御に関して、幼稚園・保育所のクラスをそれぞれの子どもたちの自己制御の総体と見るのではなく、クラス全体の集合的な感情と社会的能力によって制御されていると見る日本的視点は、西洋の心理学分野の研究の幅を拡げるだろう。日本的視点の焦点は、子どもたちがクラスというコミュニティのメンバーの一員になるようにし、このコミュニティに自己制御能力を発達させる機

会を提供することだ。

　日本の周辺参加という概念が、集団としての自己制御を促していると強調する議論では、周辺参加している日本人の子どもたちが、個人的動機や自己制御能力に欠けていると示唆しているわけではない。キャサリン・ラエフ（Caterine Raeff, 2000; 2006）が論ずるように、ある文化における子どもたちは完全に相互依存的で、ある文化における子どもたちは独立しているという状況ではない。全ての文化において、人は相互依存的にかつ独立して行動することが求められる。それゆえ、ここでの分析は、ある文化において、どの状況で子どもたちは独立して行動することを期待され、どの状況において相互依存的に行動することを期待されるのかを詳細に説明することにある。日本人幼児教育者が常に一貫して独立性を失わせようとしていると示唆しているのではなく、日本の幼稚園・保育所のクラスにおける子どもたちのケンカに対処する分野では、教師たちから、相互依存的解決にむけて励ましが行われていると示唆する。

いじめ

　小松谷保育園でのくまのぬいぐるみを巡るケンカ場面を見たアメリカ人の幼児教育者たちは、ナオが女の子たちのグループのいじめの被害者ではないかと示唆した。しかし、本研究でインタビューした日本人幼児教育者たちは誰もそのような解釈を示さなかった。現代日本、特に中学生レベル（LeTendre, 2000; Fukuzawa & LeTendre, 2001）において、「いじめ」は重要な教育的かつ社会的問題として考えられている（Akiba, 2004）。典型的ないじめは、子どもたちのグループまたはクラス中を巻き込んだ、仲間はずれやからかうなどの方法で1人の子どもを悩ます。秋場素子（Akiba Motoko, 2004）は、いじめは伝統的なコミュニティ構造が浸食された現代日本社会型のアノミーであり、より一般的な社会崩壊の結果と症候として見られるべきだと提議している：

　　仕事の後、同僚と付き合うビジネスマンの数が少なくなり、ご近所さんは知らない人という地域のコミュニティの感覚が減少する中、その子どもたちにグループ性と仲間の信頼関係の発達を期待することは難しくなってきてい

る。それらの社会的変化にもかかわらず、生徒たちを社会へ送り出すために価値観を育成する学校組織はほとんど変わっていない。社会変化と日本文化の価値を育てる伝統的な学校の役割の間に広がるずれの影響は、いじめ現象と関係して、将来の研究が待たれるところである（p.234）。

　いじめは、多くの場合、中学校と高校での現象であるが、（幼児教育者ではない）日本人教育者はその低学年化を危惧している。何人かは、小松谷保育園でのくまのぬいぐるみを巡るケンカをいじめの始まりと見た。例えば、小中学校でのいじめについて研究している三津村正和氏（当時、博士課程在籍）は、女の子たちのケンカについてこう語った：

　　このビデオで起きていることは、のちのち、いじめ行動の進展の原因になるかもしれない。直接的にケンカに関わっている子どものことはあまり心配はしていません。見ていて、教室内で支配的なケンカをしているリーダーに従って能動的ないじめっ子になる悪い習慣を発達させるのではないかと、むしろ傍観者への影響を心配します。

　対照的に、日本人幼児教育者たちは、いじめが重要な社会的危惧だということや、いじめはクラスでの行動や問題行動の先駆けとして幼稚園・保育所から始まるのではないかという考えに理解を示しつつも、子どもたちが効果的にクラスルームコミュニティとして結びつくために必要な社会的能力の発達には、クラス内で大人が多く介入をするのではなく、小さい子どもたちが集団で複雑な社会的関わりを多く経験できるようにすることが最も有効であると主張した。

森田先生は説明した：

　　ビデオにあったようなケンカ、怪我のないケンカなら見ています。少々の言い合いとかは、それくらい耐える力をつけてもらいたいし、見ていて、危なくなければどんどんやればいい。

　ナオが女の子たちにいじめられているのではないかという示唆について森田先生に聞くと、次のように述べた：

　　ナオちゃんは、結構強いです。みんなが自分を持っているので、折れるよりも自分の意見を通すことが多いです。ナオちゃんはどうしても口で勝てない分、泣いてしまう。どうしても口が達者じゃない分、泣いてしまうことが多いです。でも、泣きながらでも（くまのぬいぐるみを）取りに行っていたじゃないですか。芯が強いです。泣いたら弱いっていうわけではないです。

　森田先生は、ナオの行動を赤ちゃんっぽいが、向社会的と考えていた。そして、年上の女の子たちの攻撃的な応答をも向社会的と考えていたと説明を続けた。いじめは、通常、弱いと見なされる者の追放や排除の形をとる。ナオと他の女の子たちの関わりはまさに逆である。密接な感情の関わりであり、クラスメートによってなされた怒りと批判は同時に愛情の表現を伴っている。これらの意味において、ここで分析したケンカの場面は、中学校におけるいじめの始まりというよりはむしろ逆であって、小さい子どもたちがクラスルームコミュニティのメンバーとして、集団的に自らの行動を制御することを、自ら経験して学ぶ豊かな社会的関わりであると示唆する。

「世間の目」：社会的視線

　髪の毛を引っ張ったというケンカを仲裁しているときに、貝塚先生は2人の男の子たちに「神様だって見ているんだよ」と言った。神道における神の概念は、自然界の全て、水・山・花・木・岩に霊が宿り、それゆえに神であるという信念に由来している。神道の表現として「八百万の神様」があり、それは全ての場所に神々の目があることを暗示している。神道の概念と文化的概念である「世間の目」に関連を見て取ることができる。文字通り「世間」は「社会」、目は「目」を意味する。一緒に使うことで「社会の目」となる。または、リブラ（1976）の定義に従うと「一般化された聴衆」を意味する。リブラは関連のある用語として、「世間並み」「世間離れ」「世間知らず」をあげている。

「神様だって見ているんだよ」という貝塚先生の言葉のように、「世間の目」は誰かにいつも見られているという意味を持つ。ケンカ場面を取り巻く子どもを述べるのに、多くの日本人幼児教育者が使った同様の表現は「周りの子」だ。

　面白いことに、貝塚先生は「神様が見ているんだよ」ではなく、「神様だって見ているんだよ」と言った。「だって」は「〜も同時に」や「〜も」という意味だ。神様以外に誰が男の子たちを見ているのだろうか。1つは、彼らの先生である貝塚先生も常に見ているという解釈だ。もう1つは、クラスのコミュニティの皆がいつもお互いを見ている（「世間の目」または「一般化された聴衆」）という解釈だ。「神様だって見ているんだよ」と貝塚先生が言ったのは、彼らを心配しながら見ている周りの人々の存在を、男の子たちとそのギャラリーに知らせるためだったと解釈できる。

　第1章で言及したように、ひと昔前の日本の村や町の隣人（ご近所さん）は、皆が子どもを見守り、叱るという責任を負っていた。そのような行動の集団的制御は、現代日本において稀になってきた。人口変化と現代化が、伝統的な地方と都市部のご近所さんを衰退させ、それゆえ、「世間」（一般化された他者）と「周りの意見」も衰退している。この変化の中で、幼稚園・保育所が、小さい子どもたちが他の人から見守られる練習と経験、他の人を見守る練習と経験をする最初の、そして、一番重要な場所になってきている。臼井博教授は、先生たちが子どもたちにケンカを自分たちで解決する機会を与えるのは、子どもたちに家庭生活にない社会の複雑さを経験させることができるという、本研究の解釈に賛成した：

　　これは補足教育です。最近、子どもたちは人間関係を経験する機会に欠けています。昔は、たいていの子どもたちには兄弟・姉妹がいましたが、今は1人っ子も増えてきました。今や日本は豊かになり、子どもたちは自分専用のおもちゃを持ち、自分専用の部屋を持っています。このように生活しているので、子どもたちはおもちゃや物を巡ってケンカしたり、また、他の人たちがケンカしたりするのを見る経験ができないのです。

　東京のある幼稚園の園長が、ケンカを見てギャラリーの一員になりたいとい

う子どもの願望について語った：

　　彼らに関係ないことなんてないのです。子どもたちが幼稚園にいるときに、
　ここで起きることは全て誰にでも関係のあることです。彼らは一緒に生活し
　ているのです。

　日本人幼児教育者が他者の視線の力を社会化することに置く価値は、ミシェ
ル・フーコー（Michel Foucault）の概念であるパノプティシズムや、西洋の学
問でより一般的に語られている視線と力とは対照的である。西洋の教育的議論
の中では、頭の後ろに目があるのは、クラスをまかされ、まとめることの重要
性を教えられた教師である。教師がつねに生徒を見て、その視線がクラスの秩
序を保つ。それに対し、日本の幼児教育のクラスでは、視界の中にお互いを維
持し、その集団的視線を使い秩序を保つように促されるのは、子どものグルー
プである。そのようなクラスでは、力は放散されていて、教師に集中していな
い。

　Discipline and Punish（『監獄の誕生』）（1977）の中で、フーコーは、ジェレ
ミ・ベンサム（Jeremy Bentham）が18世紀に開発した刑務所であるパノプテ
ィコンの仕組みを、1人の看守が小さい窓から見渡すことができ、独房に収容
された百人以上の囚人を管理することができると議論した。しかし、フーコー
にとってさらに冷酷で有効な監視の形は、パノプティコンを内面化することで
あり、それによって、自己監視・自己判断・自身で罰する自我を育てること
だ。現代の西洋社会では、家庭と幼稚園・保育所の両方で子どもの中に作りだ
される内面化された規律的視線の目標は、子どもが最終的に他者から見られる
必要なく、自分自身を見ることを学ぶことである。日本における幼児教育での
議論は、教師の監視の目による問題行動の管理（パノプティコンモデル）でも、
クラスのメンバーである各人の自己制御による管理（内面化モデル）でもなく、
集団での責任と集団での監視と警戒による管理を強調している。このモデルで
は、視線はギャラリーからの視線であって、監視塔の看守からではない。そし
て、その視線は苛酷で非人間的なものとしてというよりは、主に向社会的で人
間的なものとして見られている。

「世間」に関して書かれている多くのものが、この一般化された視線の持つ可能性、もしくは犯罪への抑止力としての肯定的な効果を強調している。それに加え、本研究では世間の一部であるという経験と集団的視線を共有する経験は、見る者たちに対しても有益だと示唆する。見る者は、密な感情経験を共にし、そこから生じる全てを共有する共同体意識を経験するからである。

　しかし、「世間の目」も、第1章で議論した「見守る」も、視線がつねに有益で温かいまなざしであるとは限らない。教師やクラスメートに常に見られている感覚は、わずらわしく負担となることもある。同調圧力という言葉があるように、集団的視線もパノプティコン同様、社会をコントロールする仕組みともなり得、常に向社会的効果を伴うわけではない。ただ、日本的教授法である「見守る」技術を、子どもの行動に対して"何でもあり"の態度だと誤解してはならない。直接的介入から距離を置く教師は、ささやかだったり直接的だったりと様々な方法でグループに対してお互いに監視する責任を負うように伝えている。

周辺参加の機会の提供

　子どもたちのケンカにあまり介入しないという、この暗黙の文化的実践は、絶対に介入しないという意味ではなく、介入しないことが、教師が展開する方法の選択肢として存在するということだ。小松谷保育園のビデオの中で、森田先生はくまのぬいぐるみを巡る女の子たちのケンカを仲裁しないことを選んだ。逆に、まどか幼稚園のビデオの中で、貝塚先生は積極的に2人の男の子のケンカに介入し、最終的に仲裁した。ただ、焦点をケンカの主人公の子どもたちから周りにいる子どもたちに移すと、ケンカへの対処方法は違うが、2人の先生と子どもたちとの関わりはともに"ギャラリー"を構成し、子どもたちのグループに疑似感情を経験し、共感し、学ぶ機会を造り出しているのを見ることができる。

　第1章で議論したように、教師が「見守る」技術を効果的に使うためには、子どもたちに充分な注意を払い、信頼を築くことが必要である。手に負えない状況になるのを避けるために、誰かがそこにいるということを子どもたちが知る必要がある。しかし、教師の存在や視線は控えめでなくてはならない。それ

によって子どもたちは責任を感じ、教師のためではなく、自分とクラスメートとの関わりのために行動するのだ。観察学習についての文献の中で、ギャスキンズとパラディス（2009）は、子どもたちが自分たちの興味を追うことが許され、最低限のフィードバックしか与えられないと「彼らは率先して注意を向け、まだ習得していない技術を練習する活動を見つけ出す、または、造り出す」（p.97）と強調している。森田先生は、子どもたちを静観することによって、子ども主導の、子どもらしい展開を許した。貝塚先生の仲裁のアプローチは森田先生のものとは逆に見えるが、そこにはより深い類似性がある。貝塚先生はケンカをしていた男の子たちを仲裁はしたが、彼らの周りに集まったギャラリーには介入していない。両先生たちはそれらのケンカの周辺の子どもたちに聴衆の役割を持たせ、クラスルームコミュニティへの周辺参加の役割を持たせた。

　日本以外の国の子どもたちが、ケンカの周辺参加者になることはまれだと示唆しているわけではない。日本人幼児教育者たちの子どものケンカや周辺で関わる者への対応が特徴的だということだ。第2章では、日本人幼児教育者たちの文化的実践は、ケンカをしている子どもたちに様々な感情を経験させること、自身でケンカを解決する機会を与えることで、子どもたちに学ばせることを議論した。そして、本章ではその分析を次のように拡げた。日本人幼児教育者たちの目標は、ケンカの中心にいる主人公たちだけでなく、ケンカの周りに集まる子どもたちのグループにも、ケンカの解決策をみんなで探るように促すことである。周りで参加している子どもたち“ギャラリー”に「向こうに行きなさい」とか「これはあなたには関係ないのよ」と言うのではなく、クラスで起きている全てのことに関わらせようとしている。

　ケンカはドラマチックだが、幼稚園・保育所のクラス内で起きている唯一のドラマではない。本章での焦点は、ケンカの周りに作られた“ギャラリー”だったが、日本人幼児教育者は、第2章で描いたような寂しさや他の感情経験においても子どもたちの周辺参加を支援していることを、最後に付け加えたい。

第4章

身体文化

画像 4.1. トシとマキ

予期せぬパンチ

　小松谷保育園のビデオの中に、トシ（4歳の男の子）が勢い余ってマキ（4歳の女の子）の胸を叩いてしまった様子が見える 30 秒くらいの場面がある［画像 4.1.］。

トシはすぐに「ごめん」とマキに言い、ちょっと頭を下げた。マキはトシの謝罪を受け入れず、胸の叩かれた辺りを両手でおさえながら、机にうつ伏せ、演劇のように大げさにどれほど痛いかを表現した。クラスメートのトオルがこの出来事を見ていて、助けに駆けつけた。マキの背中をさすり、先生に話して来たらと提案した。しかし、マキはそれをしなかった。トシも寄って来てマキをなだめようと、マキの方に身を乗り出して「ごめん」と繰り返し言った。そして、机の上に半身を預け、マキと同じ体勢になった。マキはやっとトシの謝罪を受け入れ、起き上がり歩いていった。

　ここでは、保育所のクラス内でのこのようなありふれた関わりが、身体の動きの複雑な表出の特徴を捉えたもので、深い分析に値すると示唆する。なぜトシは言葉での謝罪を何度も繰り返し、最初に「ごめん」とちょっと頭を下げたのに、マキをなだめることができなかったのだろうか。なぜ最後の動作には効果があったのだろうか。本章では、ビデオ内の様々な場面から、社会的な関わりに対する日本人の子どもたちの（ときにぎこちなく、ときに上手な）文化的な身体の使い方のマイクロ分析を示す。

　本章の中心的議論であり、本書で展開する主な主張の１つは、文化は信念や価値・思考・感情を形作るだけではなく、身体実践をも作りだすということだ。日本人に特徴的な身体実践には、部屋に入るときに靴を脱ぐ、畳の上に座る、箸を使って食べる、お辞儀をするなどがある。それら身体実践や他の身体技法を、日本の幼稚園・保育所で子どもたちはどのように学ぶのか。さらに、日本の幼稚園・保育所が、話すことや考えることだけでなく、身体の社会化を学ぶ際にどのように機能しているかを模索する。日本の幼稚園・保育所は、日本人の子どもたちが、身体を日本人に特徴的なように動かし、使い、姿勢をとることを学ぶ場であると考える。それゆえ、彼らが日本の社会の一員になるための重要な場である。

　本章では、子どもたちの身体技法に焦点をあてるが、他の章と同じように、中心的考察は、日本人幼児教育者の教授的実践である。本章で述べる教授的実践は、日本人幼児教育者が子どもたちの文化的に適切な身体技法の発達を支援する際に使うものである。前章と比べて、本章はインタビューデータからの引

用の分析よりも、ビデオから得た画像のマイクロ分析に焦点をあてる。

　イントロダクションとして、パスカルの議論である「あなたは信者だから祈るのではない。祈るから信者なのだ」を引用したい。言い換えると、身体的行動は信念に先立つものであり、信念を追うものではないと言える。これは本章の中心となる理論であり、「あなたは日本人だからお辞儀をするのではない。お辞儀をするから日本人なのだ」と議論する。本章の目標は、日本の幼稚園・保育所で子どもたちが学ぶ日本文化において中心的な身体技法を提示することだ。そして、身体技法を学ぶことは日本の社会の一員になることだと議論する。

　バフチンの引用・会話・対話の概念が、子どもたちが身体的に関わり合うことを探るときに役立つと考える。バフチンの議論は、ほとんどが言葉に言及したもので、身体に言及したものではない。彼が主に注目しているのは、言葉が引用性・多声性・対話性を、どのように本質的に備えているかである。バフチンによれば、言葉の意味は、話し手や書き手の意図というよりは、使われた文脈と言葉同士の関わりによって決められる。ここでは、バフチンの言葉の概念を身体技法に応用することができると提案する。それに伴って「多声性」を「多体性」に、「文章の間」を「身体の間」と新語を提案したい。さらに、言葉について言及されているもので、身体について言及するのに応用できる概念は、「身体返答能力」（「私たちは身体をもって答える」）、「身体での真似・下手な模倣・変化」（これらは *Rabelais and His World* の中で議論されている）、「身体版の直接的・間接的引用」、身体における「命令的技法」と「説得的技法」である。バフチン（1982）は「言語の中の言葉の半分は誰か他の人のものである」（p.294）と提案している。本章では、それは身体の動きにおいてもあてはまると付け加える。幼稚園・保育所の子どもたちは、バフチンのいう人間になる過程において、観察し、引用し、ときに先生や仲間の動きをおもしろおかしく真似る。なぜなら、身体の動きは、言葉と同じように、ただ引用することが求められるのではなく、意味を持つために他者への応答が求められるので、幼稚園・保育所の子どもたちは1人でというよりは、身体的対話に入り込み、他者の動きに応えることを学ばなくてはならないからだ。

状況と「けじめ」

　本章は、日本の子どもたちが、どのように身体技法を習得するかだけではなく、幼稚園・保育所での生活で、彼らが置かれた状況にそれらの身体技法を、どのように調和させているかにも注目する。全ての文化において、人々は行動を状況に合わせることが求められるが、全ての文化において、日本のように、はっきりと状況を示されたり、振る舞いにおいて、劇的な変化を求められたりするわけではない。ナンシー・ローゼンベルガー（Nancy Rosenberger, 1989）は日本文化について「自己の形態における中心は、状況という原則である。状況を動き回ることで、日本人は自己表現の形態を変化させることができる。状況は場所・時、と／または、社会的集団により変化する」（p.99）と書いている。

　外部者のステレオタイプ的な見方は、日本を儀礼的な文化として描く。それは外部者や客と接する場面や、仕事上の会議、あるいは正式な場では本当だろう。日本人は儀礼的な話し方と身体の動きを使う。しかし、内部者と非公式な場で関わるとき、日本人は言語も身体も、形式ばらない方法をとる。日本文化に特徴的な点は、儀礼的なところではなく、状況による対応の使い分けだろう。きちんとした状況と打ち解けた状況、内部者と外部者、異なる場所（お寺かお風呂か）、同じ場所でも異なる部分（家の正面か裏口か）と異なる時間（イベントの開会と閉会かイベントそのものの間か）と刻々と使いわけが求められる。

　状況に態度を合わせることを表現する「けじめをつける」という日本語がある。「２つの状況の間に線を引く」「区別をつける」「状況に応じた対応をする」という意味だ。「けじめ」は子どもたちに、どの言葉と行動がその状況に適しているかという判断と、そこに適した言葉と行動を使うことを求める。日本の幼稚園・保育所は、様々な言葉遣いと行動様式が求められる多様な時間・場所・状況を提供する。

　状況は場所による。日本では、家・寺・伝統的な日本料理店などに入るとき、靴を脱いだり、お辞儀をすることで線引きをする。ビデオ撮影した３つの園全てにおいて、子どもたちが、玄関で靴を脱ぎ、先生、保護者、子どもがお互いにお辞儀をして挨拶をしている場面がある。まどか幼稚園と他の多くの幼稚園

画像 4.2a., b. 玄関と靴の履き替え

画像 4.3. 制服に着替える
子どもたち

では、子どもたちは玄関で靴を履き替えるだけでなく［画像 4.2a., b.］、部屋に入ると制服に着替える［画像 4.3.］。幼稚園・保育所や部屋の入り口は、文字通りの内と外を区切るだけでなく、子どもたちの家にいるときと園にいるときの感覚の区切りでもある。そして、それぞれの状況に求められる振る舞いの区切りでもある。

　状況はときにもよる。日本では四季の変化が明確である。夏服から冬服へ、冷たいお茶から温かいお茶へと変わる。園の飾りや制服の変化は、四季の変化に添い、幼稚園・保育所のカリキュラムも5月の運動会、6月の田植えといった四季のイベントを大切にする。それぞれのイベントはいつも以上にカジュアルで、いつも以上に正式な振る舞いが必要とされる場面である。

　状況は人と人との関係性にもよる。自分より若い人と話すときは、年上の人と話すときとは違う話し方と態度が用いられる。小松谷保育園では年上の子どもたちが、年下の子どもたちの世話をするが、この異年齢活動中に子どもたちの異なる話し方と態度を見ることができる。また、ある子どもたちがお当番さんを1日の中のある時間だけ務めるが、同年齢では、このような役割と立場の違いが、話し方や振る舞いの違いとなる。

身体性への教授法

　第2章において、日本人幼児教育者たちが、感情と社会的能力の発達における身体的経験（体験）の役割をどのように強調しているかを記述した。同じ理

論が、日本人幼児教育者たちが、子どもたちの態度と身体技法の発達を支援するときのアプローチにも存在する。インタビューの中で、子どもたちの適切な身体技法と「けじめ」の発達を助ける最適な方法は、変わりゆく状況に即した身体的態度を練習する多様な機会を、子どもたちに繰り返し、豊富に与えることだ、と先生たちは強調した。

　本章では、子どもたちが変わり続ける状況に応じて、行動を適応させる「けじめ」を学ぶことが、日本の幼稚園・保育所の主な目標の1つであると論じる。しかし、研究中の観察において、先生たちが子どもたちと話すときや、または、インタビューで状況に応じて行動を適応させる必要があるということを抽象的に語るとき、「けじめ」という言葉を使うのを聞いたことがない。そのかわり、幼稚園・保育所の建物、習慣やカリキュラムに、様々な場面を子どもたちが経験できる幅広い状況を組み込むことで、「けじめ」は暗黙的に教えられていると示唆する。さらに、1日の園の生活で、変わり続ける状況に適した話し方や態度をとることが、子どもたちにとって簡単で楽しそうに映るよう考えられている。日本の幼稚園・保育所は、様々な身体技法を練習し、場面を正確に読むことを学び、どのような状況によって態度を変化させるかを学ぶ複数の機会を子どもたちに提供している。貝塚先生は次のように説明する：

　　幼稚園生活の始めのうちは、私が話しているとき、子どもたちはそこまできちんと聞いていません。でも、時間が経つと、「話したいんだけどなぁ」って言うと、子どもたちは私を見るようになります。例えば、子どもたちはだんだんと、朝の会の間は、私が話しているのを聞く必要があると知るようになっていきます。新しい活動が始まったときに行動を変えるのは、「けじめ」の学びのうちの1つ。「けじめ」は大事だと信じています。もし「けじめ」がなかったら、幼稚園生活がだらだらとメリハリのないものになってしまいます。必要なとき、例えば、朝の会の間、きちんとするのは大事。でも、遊ぶときは、子どもたちは子どもらしく遊ぶべきです。

　他の多くの幼稚園がそうであるように、まどか幼稚園では、子どもたちは式典の際や幼稚園の往復のときはきちんとした制服を、幼稚園にいる間はカジュ

アルな体操着（半ズボンとTシャツ）を着る。どうして制服から体操着に着替えるのかと聞いたとき、町山園長はこう語った：

　　洋服を着替えるのは大事です。それによって子どもたちは時と場所を認識します。子どもたちが制服を着たら、普段からよそゆきにと気持ちを引き締めることができるので、制服があるのはよいと思っています。

ここで普段からよそゆきに気持ちを変えるという意味で町山園長が使った動詞は「引き締める」である。この言葉は、制服に着替えることによって気持ちが変わり姿勢も変わる（姿勢を正す）ことを示唆している。各ビデオの中に、朝の会や昼食前、お帰りの会の際に、先生たちが子どもたちをお辞儀に導いているのを見ることができる。このようなグループ活動の時間になると、先生は態度を変えることで、または、言語で（明晴学園の場合は、電気を点滅させて）、子どもたちに自由遊びの振る舞いから、グループ活動に参加する際に求められる振る舞いに、身体的態度を変える必要があると伝えているのである。これらの状況で、先生たちは期待を伝えるが、強制は滅多にしない。泉山幼稚園の熊谷園長が語った：

　　子どもたちは、幼稚園に着いたあと、鞄を片付けてから、外に行き、自由に遊びます。そして、朝の運動が始まると、子どもたちは集まって来るのね。自分からは集まって来ない子どもたちも何人かいます。その子どもたちを連れて来ることはしないの。そのような状況のときに、子どもたちに並びなさいとは言わない。それはね、子どもたちの行動が変わる必要があるのではなくて、子どもたちの心が変わる必要があるから。集まりたいなって思うようになるべきなの。それがすごく大事。もし、「並ばないとだめよ」って言うと、何の意味もない。子どもたちは、私たちが言ったからするだけになってしまうから。

他の多くの研究協力者も熊谷園長に同意していた。むりやり子どもたちを決まった活動に参加させるのは逆効果だと示唆した。そのかわり、ベン・アリ

画像 4.4a., b.「いただきます」を言う前に手を合わせる

(1997) やロイス・ピーク (Lois Peak, 1991) が議論しているように、多くの日本の幼稚園・保育所で採られているアプローチは、子どもたちが参加したいように環境を整えることだ。このアプローチのもと、ある子どもたちは自ら朝の運動に参加し、ある子どもたちは参加しない。ある子どもたちは朝の挨拶でお辞儀をし、ある子どもたちはお辞儀をしない。ある子どもたちは深く、また他の子どもたちはちょっと頷く程度に、お辞儀をする。ある子どもたちはご飯を食べる前の挨拶で手を合わせ［画像 4.4a., b.］、ある子どもたちは合わせない。1日の中で区切りをつける色々な決まりごとをしない子どもたちも、問題行動や失敗というレッテルを貼られることなく、グループに含まれている。クラスメートと同じように身体を動かしていない間も、彼らは周りの子（周辺での参加）としてグループに含まれているのである。

　泉山幼稚園を訪問したある1日の終わりに、山田剛史（当時、泉山幼稚園で唯一の男性教諭）先生が、保護者が迎えにくる門のあたりで、クラスの子どもたちにお辞儀をしているのを見た。のちに山田先生に写真を見せ、お辞儀へのコメントを求めた：

林：門でお辞儀をしている写真を撮らせていただきました［画像 4.5.］。
山田：うーん。モデルになろうと。この子と私の間で、こっちが幼稚園（写真の左側を指す）。ここからが家（写真の右側を指す）。私たちが「おはよう」と「さようなら」を言う、これ（写真の中央を指す）が家と幼稚園の境界線。
トービン：どうしてお辞儀？

山田：挨拶として。園の門に書いてある"一挨一拶"という言葉があります。有名な言葉"一期一会。"たとえ一回しか会わない出会いにも感謝するべきだという意味ですが、泉山幼稚園の言葉はここから来ていて、子どもたちにお互い挨拶をしてほしい。もし私たちが挨拶すれば、子どもたちも私たちに挨拶をするだろうと。

画像 4.5. 帰る子どもに深いお辞儀をする山田先生

トービン：この写真に写っているお辞儀はすごく丁寧に見えます。通常、お互い知っている同士が挨拶をするとき、こんなに丁寧なお辞儀じゃないですよね？

山田：うーん。バスに乗って子どもたちをお迎えするときもこんな感じの深いお辞儀をバスの停留所でもします。

トービン：誰に向かってお辞儀を？

山田：お母さんたち、子どもたち、そして先生たち。

林：お母さんたちしかいないとき、お辞儀の仕方を変えますか。

山田：はい。大人にするよりも子どもにするとき、深くお辞儀をします。大人にするときは、（ちょっとしたお辞儀、頷くような、のデモンストレーション）、おはようございますと言いながら。

山田先生が深くお辞儀をしている写真を熊谷園長に見せた：

トービン：山田先生はすごく深くお辞儀をしています。どうしてこんなに深くお辞儀をしているのですか。

熊谷：彼はね、モデルになっているのね。彼は子どもたちが見ていると信じている。ちょっとしたお辞儀は子どもたちに伝わらないの。

トービン：このお辞儀は子どもたちへ、お母さんたちじゃなくて。

熊谷：山田先生、こんなに深くお母さんたちにお辞儀しないと思う。深いお辞儀を子どもたちにしていて、それは、彼がお辞儀を習得することが子どもたちの生活の中で大事だと思っているから。

2つの型のお辞儀

　お辞儀は日本人らしい身体的動作である。日本人は色々な状況で、色々な理由で、色々な方法で、お辞儀をする。道端でお互いに挨拶をするときに、感謝を、尊敬を、または、謝罪を示すために、お辞儀をする。会話において、同意を示すために微妙な頷きをしたり、聞いていると知らせるために頷いたり、または、誰かが言ったことに対して、考えていますと知らせるために、頷いたりする。お辞儀を学ぶことは、どのように背中や肩や頭を曲げるかを学ぶだけではない。例えば、お寺の正面での深いお辞儀や、頼みごとをするときのお辞儀、ちょっとした頷き、友だちに挨拶するときのちょっとした動きなど、状況によってどのようにお辞儀をするのかを学ぶことである。これ以外にも、お辞儀のときの手の位置や、手を太もものところに置く、手をお腹のあたりで組むなどの使い分けが含まれる。お辞儀の作法や他の身体技法は、その状況・時間・その場にいる人たちの性別・地位・性格・その場の雰囲気により変化する。

　話し言葉において、正式な場や儀式的な状況で使われる尊敬語から、日常の仕事・社会的な関わりで使われる丁寧語、家や友だちの間で使われる日常語へと変化していくことは、日本語の特徴である。状況によってお辞儀の様式が変化することも同様であるといえる。英語を含む他言語では、異なる状況に対しての言い回しの違いはあるが、話し言葉の形態は、日本語ほど明確で正式には位置づけられてはいない。本章では、話し言葉の日本語と同じように、日本の身体技法が、明確な形態を持つことを提案する。ビデオの中の子どもたちと先生たちの身体の動きをマイクロ分析することによって、ある仮説にたどり着いた。お辞儀などの垂直な動作は、より正式なもので、首をかしげるなどの水平な動作は、日常的なものである。顎を引く頷きや、頭を下げるお辞儀、全身を使ったお辞儀といった垂直な動きは正式な身体的形態とみなされる。逆に、わずかに頭を右か左に傾ける、上半身を前後に揺らす、といった水平の動きは日常的な身体的形態とみなされる。垂直な動きは身の引き締まる、軍隊のような動きであり、逆に、水平の動きはリラックスした、余裕のある動きである［画像 4.6.–9.］。

画像 4.6. 頭を下げるお辞儀

画像 4.7. 頭を横に傾ける

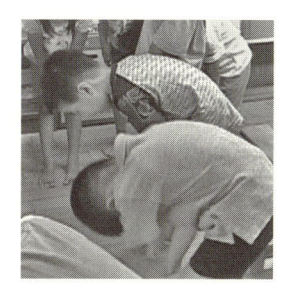

画像 4.8. 全身を使ったお辞儀

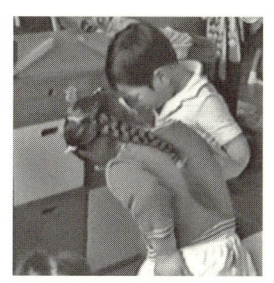

画像 4.9. 頭と身体を傾ける

画像 4.10a. まどか幼稚園の先生たちの朝礼

画像 4.10b. まどか幼稚園の先生たちの朝礼でのお辞儀

画像 4.10c. まどか幼稚園の先生たちの朝礼後の日常会話

例えば、先生たちと園長たちの朝礼のような正式な場面では、まっすぐに立ち［画像 4.10a.］、動きも硬く、お互いの発言に頷き、短いお辞儀をし、朝礼の始めと終わりに深いお辞儀をするというように、ほとんどが垂直な動きである［画像 4.10b.］。逆に、職員室での日常会話では、先生たちは、頭を傾けていたり、上半身を前後に揺らしたりする。ある程度の垂直な動きはするものの、これらの動きはリラックスしていて、堅苦しくない［画像 4.10c.］。形式ばらない状況の会話では、ほとんどの先生たちの動きは、水平な動作である。頷いたり頭を傾けたりしながら会話に参加しており、内容に同意していることを示している。稀ではあるが、会話の内容に反対を示すこともある。

　画像 4.11a., b., c. は、朝の会、先生たちや子どもたちがお互いに挨拶のお辞儀をしたり、昼食前に「いただきます」を言いながらお辞儀をしたり、1 日の終わりの帰りの会でお辞儀をしたりと、正式な場での様々なお辞儀を示している。このような正式なお辞儀は、組織的で状況により文化的に決められている。

　正式でない身体技法の例は、第 1 章「見守る」と第 3 章「ギャラリー」の章で議論した、まどか幼稚園のビデオに収められている髪の毛を引っ張ったというケンカに見て取れる。ここでは、このケンカの別の側面を分析する。ノブとユウスケは長い話し合いの末に謝るとき、なぜお互いにお辞儀をしなかったのだろうか。このケンカの最後、貝塚先生は 2 人の男の子に彼女の腕を回している［画像 4.12a.］。彼らを近くに寄せ、お互いが正式なお辞儀をしにくくしている。そのかわり、アイコンタクトを促している。このように、ここで求められているのは正式なお辞儀ではなく、そのかわりにアイコンタクトや涙［画像

画像 4.11a., b., c. 朝の会、昼食、帰りの会

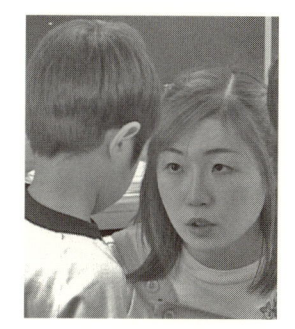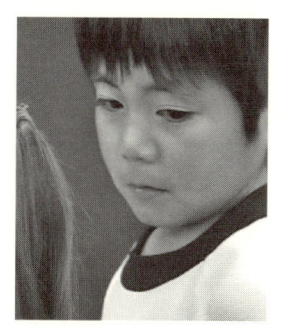

画像 4.12a., b., c. 腕を回し2人の男の子を近くに寄せる、アイコンタクト、涙

4.12b., c.] といった心からの感情表現であると、貝塚先生は男の子たちに合図を送っているのだ。

身体動作の混合

　予期せぬパンチの場面で、最初にトシがマキに謝ったとき、トシはちょっとお辞儀をした。彼のお辞儀はちょっと頭を下げる正式なお辞儀のように始まった。しかし、謝罪が受け入れられるかを確認するためアイコンタクトを維持している。そのために、トシは頭と目を上げた状況で、お辞儀の流れを中断することとなり、許して欲しいという想いと後悔の想いをあまり伝えられなかった [画像 4.13a., b., c.]。マキは最初のお辞儀と謝罪を受け入れず、そのかわりに、どのくらいトシが自分を傷つけたかを誇張した [画像 4.14a., b.]。ここでマキがトシに求めていたことは、謝罪ではなく、共感の表明だったのではないか。お辞儀ではなく、多分、トシに「だいじょうぶ？」と背中を軽く叩いてもらう、あるいは、「痛かった？」と聞いてもらうことを望んでいたのだろう。何を求められ、望まれているかを誤解したトシは、形式ばらない心からの友だち同士として共感の表明が求められていた状況で、正式なお辞儀をした。部屋の反対側からこの様子をずっと見ていたトオルは、助けようと駆けつけて来た。彼は、慰めようとマキの背中をさすったが [画像 4.15a.]、それはマキが求めていたものではなかった。マキはそれをトオルにではなく、トシに求めていた。トオル

画像 4.13a., b., c. トシの最初の謝罪とお辞儀

画像 4.14a., b. 胸を押さえるマキ、上半身を机に乗せた

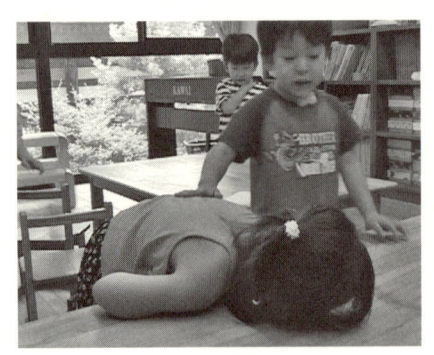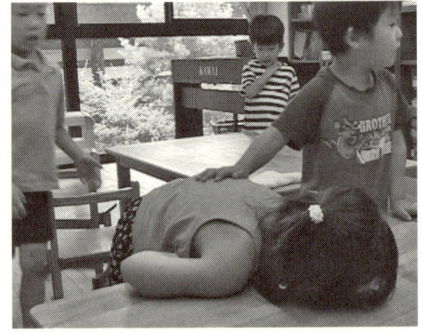

画像 4.15a., b. トオルが駆けつけ、マキの背中をさすり、先生に言って来たらと提案する

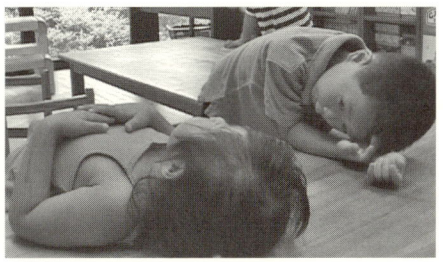

画像 4.16 a., b. トシがマキに「ごめん」と言い、上半身を机に乗せた

画像 4.17. アイコンタクト　　画像 4.18. お辞儀半分、ア　画像 4.19. 正式なお辞儀
　　　　　　　　　　　　　　イコンタクト半分

もまたこの状況で求められていることを誤解した。彼は、マキに先生に言って
くるよう提案したが［画像 4.15b.］、マキはそれをしなかった。森田先生がこ
の場面を振り返ったとき、トシのことをマキが言いに来なかったのは、トシが
マキを叩いたのは意図的ではなく、先生に仲裁を頼むのは適切でないと、マキ
は知っていたからだと語った。森田先生は、もしマキやトオルがトシの行動に
ついて何かを言いに来たとしても、その状況を自分たちで解決するように促し
ただろうと言った。最初の謝罪が受け入れられなかったと知って、トシは「ご
めん」と何度もマキに言い、なだめようと試みた。最終的にトシは方法を変え、
机の上のマキの上半身の横に、彼の上半身を並べ、マキの方に顔を向けた［画
像 4.16a., b.］。

　トシの最初の成功しなかったお辞儀は、2つの謝罪の姿勢が混合したものだ
といえる。アイコンタクトのない正式なお辞儀と、顔と顔、目と目で感情の交

換をする正式でないお辞儀が混合したものである［画像 4.17., 18., 19.］。髪の毛を引っ張ったというケンカの最後に、お辞儀もなく言葉少なに、ほとんどがアイコンタクトで、2人の男の子たちがケンカを解決した謝罪の成功例を見る。彼らのお互いの謝罪が成功したのは、彼らは後悔の表現に誠実で、お互い近くに立ち、密なアイコンタクトをするという身体技法を使ったからだ。トシのお辞儀が奇妙で成功しなかったのは、腰を曲げて正式なお辞儀をしようとしながら、アイコンタクトを保とうとして頭があがってしまった結果、説得力をなくし、仕草が曖昧になったからだ。泉山幼稚園の山田先生は、小さい子どもたちは、通常お辞儀をするとき、アイコンタクトを維持したままだと指摘した：

> トービン：なぜ子どもたちにあのような丁寧なお辞儀をするのですか。
> 山田：子どもたちはお辞儀とアイコンタクトの組み合わせが必要です。
> トービン：アイコンタクトなしで深いお辞儀をするのは子どもたちにとって難しいですか。
> 山田：はい。子どもたちは通常こういう（アイコンタクトを維持したままの）お辞儀をします。

　多分、最終的にトシの謝罪が受け入れられたのは、そのとき、彼は身体をマキの方に向けながらアイコンタクトをする方法を見つけたからだろう。彼の身体は正式なお辞儀である垂直の面から、正式ではない仕草である頭を横に動かした動きとなった［画像 4.20.］。
　このような正式と正式ではない身体動作の混合は、他の場面でも見ることができる。1989 年の『3つの文化における幼児教育』研究のビデオの中に、ミドリ（4歳の女の子）が、クラスメートのヒロキに手を踏まれ叩かれたサトシを慰め、アドバイスをしている場面がある。ミドリはサトシの方に身体を傾けることで、アイコンタクトをしながら心配を伝える効果的な方法を使った［画像 4.21.］。一方で、くまのぬいぐるみを巡るケンカの最後、セイコがナオにお辞儀をするが、トシが最初にマキにしたように、上目づかいで［画像 4.22.］、身体動作の混合がしっくりしていないのが見られる。トシのときと同様、セイコのお辞儀を奇妙なものにしているのは、垂直面を維持しつつ、形式ばらない

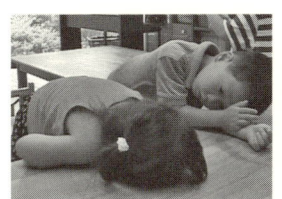

画像 4.20. 成功した混合動作

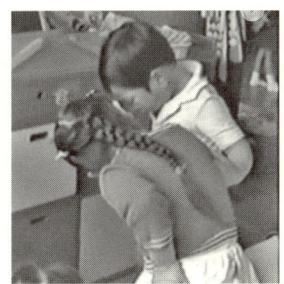

画像 4.21. ミドリの流れの
よい動作

画像 4.22. セイコのぎこち
ない動作

アイコンタクトを付け加えているからだ。アイコンタクトとともに身体を横に傾けるという組み合わせは流れがいいように感じられる。両方とも正式でないからだ。アイコンタクトとお辞儀という組み合わせはおかしいように感じられる。1つは正式な仕草で、もう1つは、正式ではない仕草だからだ。

身体的引用

　垂直なお辞儀のように、姿勢を正す（ピッ）ことも正式さと関連している。まどか幼稚園では、ランチを始める合図として、貝塚先生が子どもたちに「お背中ピッ（背中をまっすぐに）」と言った［画像4.23.］。それにより子どもたちは姿勢を正し（少なくともまっすぐにして）お辞儀をしながら「いただきます」と言う。小松谷保育園では、お帰りの会のはじめに、森田先生が「気をつけのピッ」と言った［画像4.24.］。そして、さようならの挨拶をすることを想定して、子どもたちは背中をまっすぐにして手を体側に置く。このような決まった身体技法が求められる組織立った活動の中で、子どもたちは先生をとてもよく真似ている。

　多くの場合、子どもたちは、たとえ先生がそこに居なくても、先生たちを真似ている。小松谷保育園の"お兄ちゃんのおしっこレッスン"は子どもが先生の実践と態度を真似ているよい例である。小松谷保育園では、毎日昼食後にお当番とよばれる5歳児の5人がエプロンをして下の階に降り、乳児の世話の手伝

画像 4.23.「お背中ピッ」

画像 4.24.「気をつけのピッ」

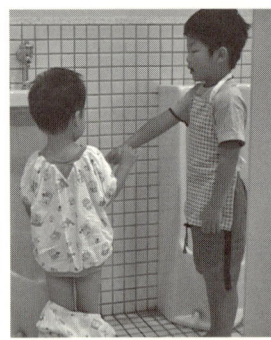
画像 4.25a.「おしっこしなさい」

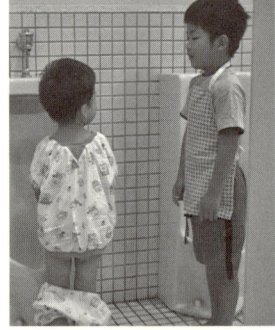
画像 4.25b. まっすぐ立つ

画像 4.25c.「向けますよ」

画像 4.25d.「流しますよ」

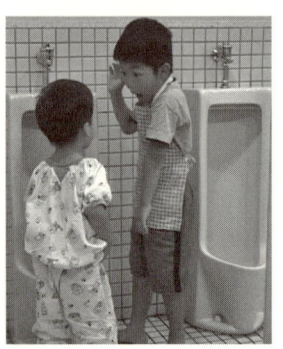
画像 4.25e. 大げさなケンイチ

画像 4.25f. カメラを見る

いをする。お当番のとき、年上の子どもたちは、年下の子どもたちと自由時間に遊ぶときとは違った態度と話し方をしている。森田先生は「子どもたちはお当番さんのときは、いつもとは違う振る舞いをします」と説明した。お兄ちゃんのおしっこレッスン［画像 4.25a.–f.］の中で、5歳児のケンイチが2歳児のタローの横にまっすぐ立ち、緊張した姿勢で、比較的命令調の正式な話し方をしている。「おしっこしなさい」とまるで命令を下しているかのようにである。そして、ケンイチはタローにどうやっておしっこをするか、パジャマのズボンを下げ、おしっこをして、パジャマのズボンを上げる前におしっこが終わったかを確認する、という細かい指示を与える。ケンイチは実践的レッスンを「じゃ、おしっこを流しますよ〜」という警告をしながら終える。ケンイチはトイレを流すボタンを押しつつ姿勢と態度を変え、水を流す音への乳児の反応を、大げさな恐怖と驚きを真似て示し、そして「冗談だよ」という仕草をして、彼の心配をぬぐい去った。この時点で、ケンイチはカメラ（またはカメラマン）の方を見て笑い、「かわいいだろう？」と言っているかのような、それは1人の大人が他の大人に示すような、正式ではない仕草をしてみせた。最後の仕草で、ケンイチは態度をおしっこレッスンのときに使っていた先生らしい動きから、喜びを伝える正式でない態度へと変えた。

　お当番の間、年上の子どもたちが乳児の面倒を見るのに、大人っぽい振る舞いを真似ている場面を確認できる［画像 4.26a.–d.］。5歳の女の子が、先生が赤ちゃんに同じことをしているのを見つつ、乳児にシャツを着替えさせている場面がある。先生が見ている中、5歳児が、赤ちゃんにご飯をあげている場面もある。また、先生が腕を回し赤ちゃんが最初の一歩を支えなしで踏み出すよう励ます仕草を、年上の男の子たちが真似ている場面もある。赤ちゃんが歩くのを諦めハイハイに変えると、2人の年上の男の子たちは、床にかがみ、赤ちゃんの横をハイハイした。それは身体的引用であり共感を示す表現である。

　他の身体的引用の例を、まどか幼稚園の昼食前の会に見る。毎日、何人かのお当番さんがクラスメートの前に立ち、担任の先生である貝塚先生に続き、食前の挨拶である「いただきます」をリードする。画像 4.27a., b. は、貝塚先生とその日のお当番であるサクラの身体の動きの同調を示している。彼らのお辞儀は背中がまっすぐで、両手を合わせて始まる。挨拶が終わりに近づくと、サ

画像 4.26a. 着替えの手伝い

画像 4.26b. 赤ちゃんにご飯を食べさせる

画像 4.26c. 赤ちゃんの最初の一歩を励ます

画像 4.26d. 赤ちゃんの横をハイハイ

画像 4.27a., b. 貝塚先生の手の位置と姿勢を真似るサクラ（右端）

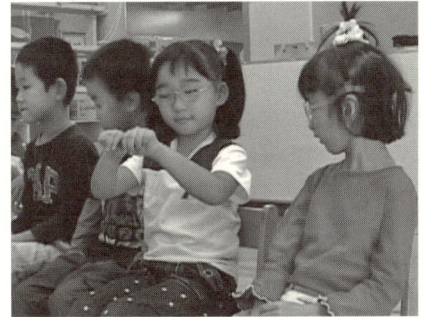

画像 4.28a., b.「脚を閉じた方がいいよ」

画像 4.28c. エリカの脚を指差すノリエ　　画像 4.28d. ノリエの指摘に従うエリカ

クラは、いつ起き上がったらいいのかを知るため、垂直な姿勢をやめて、貝塚先生を見るために横を向いた。

　子どもたちが大人の身体の動きを引用している他の例が、明晴学園の朝の会の場面にもある。ノリエが隣に座っているエリカに、脚を揃えるように伝えているのが見て取れる。これは性別によるマナーへの考えというよりは、他人のスペースを邪魔しないように、そして、園での正式な場では正式に座る必要があるというノリエの考えであると解釈する。ノリエは最初に、エリカに「脚を閉じた方がいいよ」と手話で言った。それからノリエは自分の脚を使ってその姿勢を示し、エリカの脚を指した。その時点で、エリカはノリエの指摘に従って、脚を閉じた［画像 4.28a.-d.］。この関わりの間、ノリエの身体の姿勢は先

生っぽく、子どもたちがごっこ遊びで大げさに先生を真似る様を思い出させる。

空間における身体性

　ビデオ撮影した日本の３つの園全てで、子どもたちが、決められた活動とそうでない活動の両方で、部屋から廊下、廊下から園庭にと自由に動き回っているのが見られる。幼稚園・保育所は、子どもたちが幅広く複雑で社会的な関わりに参加する環境である。それらの空間でそれぞれの子どもは自身の身体をコントロールする身体技法を学ぶだけでなく、ゴッフマン（1971）が「空間における身体性」と呼んでいる社会的な枠組みの中でクラスメートと関わる間身体性の身体技法をも学ぶ。

画像 4.29a. 列になる

画像 4.29b. 列になって動く

画像 4.29c. 近くに座ったり立ったり

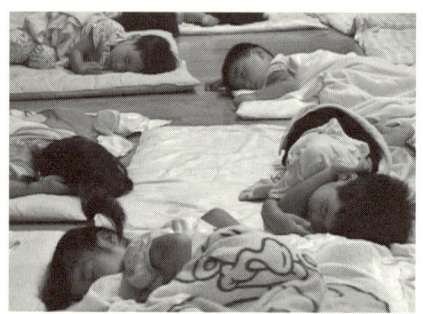

画像 4.29d. 一緒に寝る

子どもたちが、空間と状況の中で、そのような間身体性の流れをもつ様子がビデオの場面に見られる。彼らは列になって並び、まるで流れるように階段や廊下でお互いに交差し、一緒に座り、一緒に寝ている［画像 4.29a.–d.］。そこには、園生活を成り立たせる身体的日常動作がある。彼らは必要以上にまとまっているように見える。それは多分、騒々しい園庭で先生の声がはっきり聞こえるようにするためかもしれない。しかし、だれも押したり文句を言ったりはしない。子どもたちは、衝突することなく、恐らくは、身体的な近さと社会的な近さを楽しみながら、まとまって園内を歩いている。

ゴッフマンが説明しているように、空間における身体性の同調は社会行動の基本的特徴である。子どもたちは、幼稚園・保育所で変わり続ける状況の中で、空間と位置をうまく取ることを学ぶ機会をえる。彼らはどのように列になって歩くか、衝突せずに廊下ですれ違うか、そして、座るとき、寝るときにどの程度他者と近づけばよいかをすぐに習得する。

泉山幼稚園の熊谷園長が説明した：

熊谷：3歳児は4月に幼稚園に入園し、毎日登園したら靴を脱いで鞄を片づける、お互いに挨拶する、朝の運動に参加する、そして、朝の会が始まるときにはグループで園内を移動することなどを5月末には習得します。
林：先生たちは子どもたちにそれらを教える必要がありますか。
熊谷：いいえ。これらは子どもたちが直接教えられる必要のあるものではありません。彼らは自分たちで学びます。
トービン：グループがしていることに従わない子がいたらどうなるのですか。
熊谷：私たちは強制しません。生活習慣としてできるようになります。私は毎春、3歳児がこれらの習慣をとても早く習得することに、驚いています。

まどか幼稚園のビデオの中に、水着に着替えたあと、子どもたちが泳ぎに行くために並んでいる場面がある［画像 4.29b.］。そこに、このような間身体性の例を見る。子どもたちは自分の前にいる子の肩や背中を触って、距離感を測ったり、自分たちの動きを調整したりしており［画像 4.30.］、集団の活動とし

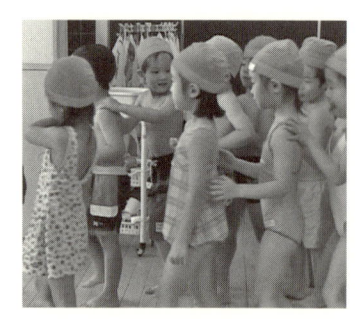

画像 4.30. 距離感を測る

てたくさんの身体が同調している。

　さらに共有する空間で子どもたちが身体の流れを促進するために、様々な技法を使っているのを見ることもできる。ゴッフマンは、混雑した歩道を歩くという社会的状況では、身体がうまく流れるときはスムーズだが、誰がどちらに行くかということで、お互いに変に遠ざけたり、押しのけたり、顔と顔をつき合わせたりするようなときに、流れが乱れると指摘している。空間における身体の流れには、回復する技術と、最小限の努力・交渉・謝罪によって流れに戻る戦略が必要だ。幼稚園・保育所では、流れが乱れそうなときには介入する。多くの場合、教師たちは子どもたちに不快さを経験させるために、そして、自分たちで秩序を回復する機会を持たせるために、距離を置き、仲裁しない。日本人幼児教育者たちは、ケンカのようなクラスメート間の衝突を、社会の崩壊をまねくものではなく、社会的な関わりの形だと捉える。衝突する、押しのける、触れる、叩くということなどは、身体と身体の対話の形である。

　画像 4.31. に、ケンイチがエプロンをつけてお当番さんの準備をしているのが見られる。彼が苦戦していると、他の男の子がエプロンの紐を結ぶのを手伝った。画像 4.32. では、男の子が大きいカブト虫をつまんでおり、他の男の子が、まるで肉体的・精神的両面の支援をするかのように、彼の手を握っている。どちらの関わりも、子どもたちが、お互いに言葉を発さずに支援し、受け入れており、園生活の流れは滞りなく進んでいる。

　日本の幼稚園・保育所での多くの触れ合いは、ハグやキスのように明確ではなく、暗黙でささやかなものだ。自発的に背中を叩く、腕に触れる、背中をさする、誰かにもたれかかる、誰かの髪を触る、といった形を取る［画像 4.33a.-d.］。

　本章では、どのように日本の子どもたちが身体技法を学ぶかを模索してきた。日本の幼稚園・保育所の基本的目標は、子どもたちが日本人に特徴的な身体実践を学ぶ場として機能することであると示唆する。この意味することは、ルー

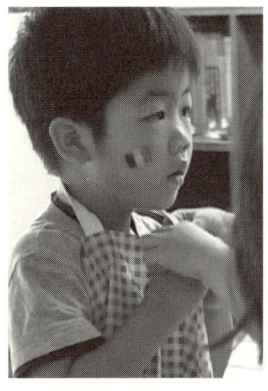
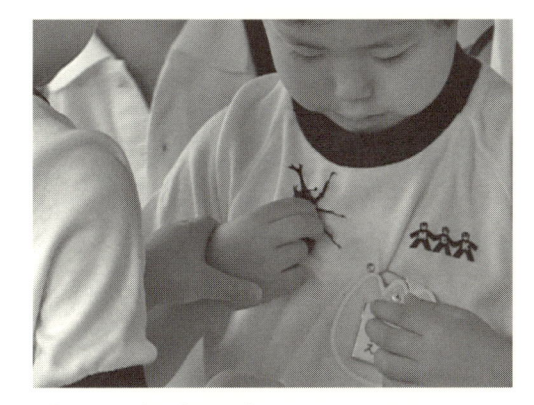

画像 4.31. 助け合いの手　　画像 4.32. 助け合いの手

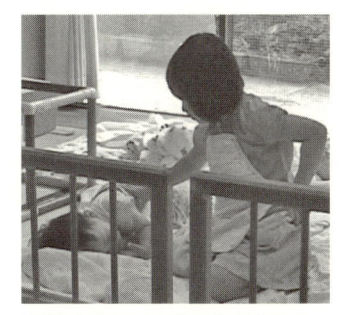

画像 4.33a., b. 背中をさする

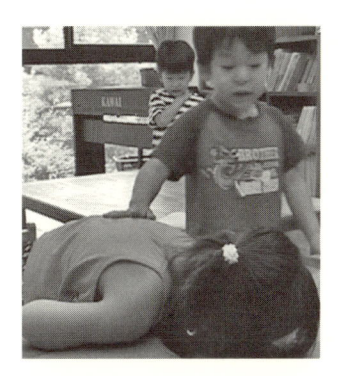

画像 4.33c., d. 友だちや先生の髪を触る

ルを習得することだけではなく、その状況で何が求められているかを読み、それを身体と言葉で表現することを習得することである。多くの場合、教師たちは、学びの支援の教授的戦略について、直接的な導きや抽象的で、説明できない議論よりも、身体的経験（体験）の役割を強調する。スコット・クラーク（Scott Clark, 1994）は、そのような学びの支援の方法を、子どもたちが公衆浴場でのエチケットをどのように学ぶかという論文の中で、「埋め込まれた指導」（p.240）と呼んでいる。子どもたちにとっての目標は、強制されたからとか、義務を感じてではなく、社会の関わりに参加したいという想いから、徐々に日本のクラスの習慣に従うことだ。

第5章

幼児教育者の専門性

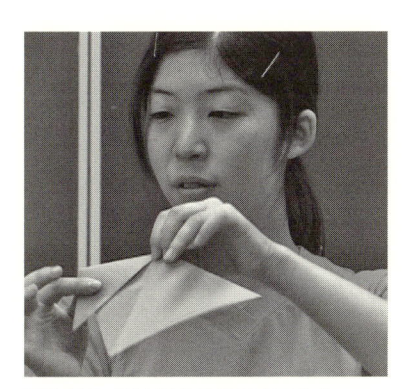

画像5.1. 折り紙を見せる森田先生

折り紙遊び

　小松谷保育園のビデオの中に、森田先生が色とりどりの綺麗な折り紙を見せて「何色のお魚さんを作ろうかな～。青い色がいい人、誰？　手をあげて。じゃ、次は黄色。どうぞ。ちょっと待ってね。持っていくから」と言っている場面がある［画像5.1.］。そして、それぞれの子どもたちが折り紙を持つ

と、森田先生は紙を半分に折り、「最初に三角形を作ります。そうそう。私たちのお魚さん、今は三角形。そして、両端を折ります。そう、そういう風に。チューリップを作るときみたいにねぇ。そして、こんな風に、2つの角を折ります。そして、もう一回こういう風に折るよ。できた？　よかった！できない？　手伝ってあげようねぇ」と言っている。子どもたちが各自の折り紙をお魚の形に折ると、森田先生は言った。「このお魚さん、寂しそうやな〜。口もないし、目もないなぁ。どうしようか？　マーカーを持って、お魚さんに目をこうやって描こう」子どもたちは折り終わった自分のお魚に目を描くと、それらを森田先生の所に持って行き、後ろに名前を書いてもらい、先端に、マグネットのついた笹の棒で魚釣りをするためのクリップをつけてもらった。森田先生は次に「水泳の時間だよ」と子どもたちに伝えた。

　このビデオを撮影した直後にインタビューした際、森田先生はこの折り紙活動の場面について特に言及することも説明することもなかった。そのとき、彼女は25歳で、保育士歴3年目であった。10年後の2012年、小松谷保育園を再度訪ねて、10年間で幼児教育者としてどのように変化したかをインタビューした際、森田先生は保育士歴13年目となっていた。森田先生、2002年当時、森田先生とチーム保育をしていた野上先生、吉澤浩則園長の3人にインタビューしたとき、全員が森田先生が若い保育士としていつも急いでいるように見えると指摘した：

トービン：このビデオを見て何か感想はありますか。
森田：急いでいるように見えますね。とりあえずなんか言わないと、みたいな。自分が話をしているシーンが多い。言葉数が多い。折り紙の説明をしなきゃ〜みたいな。やり取りがなく一方的。進めることに必死、次はごはん……みたいな。
野上：そうやな。きちっとやろうとしているように見える。だから、あんまり1人1人の子どもをまだそんなに見られていない感じがするね。

　貝塚先生は、まどか幼稚園で彼女のクラスをビデオ撮影した2002年、幼

稚園教諭歴の浅い時期であった。2012年にまどか幼稚園を訪れた際、貝塚先生は9年間の幼稚園勤務を経て、出産・子育てのため、2005年に退職していた。2005年に男の子と女の子の双子が生まれ、2人は2008年から2011年の間、まどか幼稚園の園児だった。これにより、貝塚先生はまどか幼稚園との繋がりを持ち続け、幼稚園教諭の視点と同時に、保護者の視点から、まどか幼稚園を見る機会を得ていた（2年後の2014年、貝塚先生はまどか幼稚園に教諭として職場復帰していた）。

　貝塚先生、町山芳夫理事長、そのご子息であり現園長である町山太郎先生と、まどか幼稚園のビデオを見た。2人の男の子たちの髪の毛を引っ張ったというケンカを仲裁する場面に至ったとき、貝塚先生はビデオを止めて、「余裕がない」とコメントした。森田先生も、保育歴の浅い頃の自分の指導を同じ言葉を使って表現していた。「余裕がない」とは時間・空間・平静がない、または、急いでいることを意味する。両先生は共に、保育歴が浅い頃よりも保育歴を積んだ後の方が、平静といった意味での「余裕」を持てたと示唆した。

　第1章で、子どもたちのもめごとに介入したいという想いをどのように胸に収め「見守る」かについての先生たちのコメントを提示した。「先生として見守れるようになるのには、最低5年間はかかる」というある幼稚園の園長の言葉を引用した。このような言葉によって、長い時間をかけて介入したい気持ちを抑えることを習得するとは一体どういうことだろうと考えさせられた。教え始めた頃には欠けていて、熟練の教師が持っている時間や空間、そして彼らが見ることができる平静さとは何なのだろうか。日本において幼稚園・保育所で教えるということの専門性は何なのだろうか。それはどのように習得されるのだろうか。本章では、森田先生、貝塚先生、その他の日本の幼児教育者とのインタビューを用い、それらの質問への文化的な答えを明らかにする。そして、日本的視点が、教えることの専門性の発達に関する文献を立証し、吟味できるかを模索する。

専門性を研究することの難しさ

　本章では、経験豊富な教師に、教育歴が浅い時期の映像を見せて質問するこ

とは、専門性の発達を研究する上で、有益な革新的手法であると示唆する。初心者から熟練者への移行はよく理解されていない（Berliner, 1988）。教えることの専門性の研究の多くは、観察か質問紙による、初心者と熟練教師の比較に頼っている。例えば、ポール・シェンプと研究チーム（Paul Schempp et al., 1998）は初心者と熟練教師にインタビューをした。熟練教師は教室での出来事の解釈や生徒たちに教授法を合わせることに優れ、生徒の学びに、より責任を持つことを発見した。他の例は、初心者と熟練教師に教室の写真を見せ、何を見たかを思い出すように尋ねたバーリナーと研究チームが行った半実験的なものだ。初心者は、「机に向かっている生徒たちでいっぱいの教室」や「ブロンドの髪の毛の男の子が机に向かっていて、紙を見ている」のように、文字通りのことを記述する傾向にある。逆に、熟練教師たちは、「椅子が列に並んでいないのは、何かのプロジェクトについての話し合いを少人数のグループで行っているからではないか」のように、写真の中からより深い意味と教授法の規則を見て取った（Berliner, 1988）。

　これらの研究により、初心者と熟練教師の認知の仕方がどのように違うかは解明されつつあるが、どのような過程を経てその違いが生まれてくるのかは見えてこない。様々な研究者の中で、バーリナー（1988）、シャロン・ファイマン・ネンザーとロバート・フローデン（Sharon Feiman-Nemser & Robert Floden, 1986）、ケニス・ザイクナーとジェニファー・ゴア（Kenneth Zeichner & Jennifer Gore, 1990）が指摘しているように、熟練教師になるには、多くの年月がかかること、そのような専門性は多くの要因の結果であるので、教師の発達における重要な過程を正確に示すことは難しい。

　関連している研究分野として、教師の導入期の研究がある。導入期の研究は、教職課程を卒業した学生の教師への移行期における、大学での教員養成と現職教員の専門能力開発機会の貢献に焦点をあてている（Feiman-Nemser, 2001）。これらの導入期の研究は、ほとんどの研究が教師着任初期3年間に焦点を絞っているのに対し、本研究の教えることの専門性の発達研究は、5年目以降の変化に焦点をあてている点で異なる。3年間は教えることに慣れるのには十分な時間だが、少なくとも本研究の日本人研究協力者によると、熟練教師になるには十分な時間ではない。

　他の関連研究分野として、授業研究（Lewis, 2009）と、より一般的な組織化された専門的能力の開発に関する研究がある（Ball & Cohen, 1999; Paine, 1990; Paine & Fang, 2007; Sato, Chung Wei, & Darling-Hammond, 2008）。それらの研究分野では、教師たちが時間の経過と共にどう変化するかということではなく、教育制度がどう専門的能力の開発の機会を組み立てられるかに焦点をあてている。本研究のアプローチでは、例えば、授業研究のように、明確な組織立った専門的能力の開発の効果ではなく、ジョン・シングルトン（John Singleton, 1998）が日本での師弟関係からの学びについての著書で、「身体的教え」「社会状況の中での暗黙の文化的教授法」（p.14）と呼んでいるような、組織立っていない経験が、どのように専門性の発達に貢献しているのかに興味を持っている点で他の研究とは異なる。

　ほとんどの専門性・導入期・専門的能力の開発の研究は、小学校または中学校の教師の数学や理科を教える技術の発達に焦点をあてている。おそらく、そこには、全ての教育レベルと全ての内容にあてはまる教えることの熟達の真実はあるだろうが、幼稚園・保育所でうまく教えることは、ある種の独特な技術と視点が求められる。それはスパイロが、"構造が不明確な分野"での「専門家の実践を研究する問題」と呼んでいるのと関連している。高校の数学のクラスで達成されるべき課題は、幼稚園・保育所のクラスで達成されるべき課題よりかなりはっきりしている。さらに、第6章で議論するように、アメリカや中国を含めた諸外国と比べて、日本のカリキュラムガイドラインは教授法の詳細には触れていないことを考慮に入れると、日本の幼稚園・保育所のクラスは、特に"構造が不明確"であるといえる。ここでは、あまり組織立っていない分野において、初心者と熟練者の違いを明確にすること、そして、その専門性が習得される過程を明確にするという課題はより難しいと示唆する。

　本章では、日本の視点が、教えることの専門性と専門性の発達の仕組みの両方の理解を深め、また、新しい視点を加えることを示していく。ここでは、文化人類学者として、熟練教師になることを、社会化や専門化としてだけではなく、文化化の過程として捉えて（Zeichner & Gore, 1989）議論を進めていく。

初心者と熟練者の違いの理論化

時間・空間・姿勢

　自身が 10 年前に教えているビデオを見た後の森田先生と貝塚先生の最初の反応は、「余裕がない」であった。この言葉は、「私は考えていたより時間があることに気づかず、急ぎすぎた」という叙述にあるように、時間や空間の適切な操作の欠如、または、使えたかもしれない時間と空間の考慮の欠如を意味している。言い換えると「余裕がない」は、客観的な行動における時間的・空間的束縛、または、急がなくては、とか、囲いこまれているという主観的な感情経験を意味する。迅速な行動を強いられている客観的状況では、「余裕がない」は「私は急がなくてはいけない」と解釈できるだろう。必要以上に急ぎ、かつ必死に行動する状況では、「私はせき立てられている」と解釈するのがより適切だろう。ここでは、森田先生と貝塚先生の発言を後者の意味から理解し、過去を振り返って、必要以上に焦り、平静でない行動をするべきではなかったと気付いたのだと受け取る。それは、教育歴の浅い教師と熟練教師の違いを表す主要な比喩だろう。

　小松谷保育園でのインタビューの中で、森田先生、野上先生、吉澤園長は、10 年前の森田先生のビデオを振り返り、「余裕」についてコメントした：

森田：何かすごく必死。とりあえずなんか言わないとみたいな。台詞のシーンが多いかな。自分が話をしているシーンが多い。言葉数が多い。説明を言って、子どもの反応を待つ余裕がない、自分でいっぱい。

野上：変わりましたね～。説明をするよりも見せてできるように、しゃべるのは個人に。全体の説明はそんなにしなくなりました。

吉澤：きちっとやろうとしているように 10 年前は見える。きちっとルール通りに。それこそ、大学のときに、保育とはどういうものか、と教えられたイメージで。それがだんだん、保育士としての経験を積み重ねることで、失敗もあるだろうし、こうしたらこういう風になるのだということがわかって

きて、変わってきたのかな。

　小松谷保育園の職員は、ここ10年間、園の日常や設備、園児数、規制、1人あたりの保育士と子どもの割合などはほとんど変わっていないと語った。そして、野上先生は、「子どもたちの様子が変わっていないのが見られてよかった」とビデオを見た後にコメントした。これは、森田先生が今は10年前より急いでいないと感じるのは、状況の変化や教える課題の変化を反映したものではなく、彼女自身の時間と空間の主観的経験の変化と、自身のとるべき行動について、その可能性を自覚できるようになったことを反映していると示唆している。森田先生、野上先生、吉澤園長のコメントは、「いつも急いでいるように感じていた」から「落ちついたと感じる」に、「話すこと」から「見せること」へ、「一方的な会話」から「相互間の会話」へ、森田先生がどのように変化したかを強調している。10年前のビデオを見て、先生たちは「余裕がない」という言葉で「私は十分な時間がなかった」と言っているのではなく、「実際は時間があったのに、私は、あたかも時間がないかのように行動している」と語っている。

　行動を、または、待つことを求められる緊張した状況で、ゆとりを持って、難しい決断を下すことができ、プレッシャーのもとで冷静さを維持する能力は、経験を積んだ技術を持つ兵士や警察官（Grossman, 2009; Klinger, 2006）、パイロット（Hutchins & Klausen, 1996）や外科医（Polanyi, 1966; Hindmarsh & Pilnick, 2007）、運動選手（Jackson, 1996）にも共通することだ。ここで、幼稚園・保育所のクラスでの間違いを犯すリスクが、戦場や手術室、操縦室や競技場のように高いと示唆しているのではない。示唆しているのは、各々の状況の中で高いレベルで仕事を成し遂げるには、似たような能力が求められるということだ。それは、その場に応じた適切な判断をするために、物事を落ち着いて行う能力であり、習得するのに何年もかかるということである。

「頭を空っぽにする」

　森田先生は以前の教え方を、「自分でいっぱい」と表現した。「自分の考えに

気を取られていた」または「頭がいっぱい」とも言い換えることができる。ここでの森田先生のコメントは、吉澤園長が説明したように、経験の浅かった森田先生は学生時代に教職課程で学んだ規則や手順、彼女の立てた計画や予想に従うことに焦点をあてすぎ、それを気にするあまり、目の前の子どもたちに集中することが難しかったという意味だと理解した。

日常のスケジュールに焦点をあてすぎ、適正な行動を気にしすぎ、頭がいっぱいだと、自然さを欠いたり、想定外のことに対応できなかったり、子どもに対応できなかったりする。バーリナー（1988）は、初心者と熟練教師の違いは、熟練教師は子どもたちと関わるにつれ、授業を適応させていくことができることだと示唆した。このことは、保育計画や日々のスケジュールの中で、子どもたちに合わせるために自分が決めたことをあきらめるのが難しかったという森田先生自身のコメントや、森田先生が年月を経て、徐々に融通が効くようになり、目の前の状況に適応できるようになってきたという吉澤園長の観察と一致する。

小松谷保育園とまどか幼稚園でのインタビューで、研究協力者は脚本や取扱説明書を例として説明した。小松谷保育園の吉澤園長は言った：

　決まりのあるものと、決まりのないものとがあります。保育所では、安全面に関する決まりはあります。が、子どもについての決まりはありません。マニュアルはないです。だから、何をするかは私たちしだいです。

まどか幼稚園の町山太郎園長はコメントした：

　マニュアルがあるということではないです。私たちが新しい先生にマニュアルを渡して「1年目でこれらを覚えるべきだ」というものではないです。この状況は日本の幼児教育の分野ではよくあることだと思います。よいとか悪いとか言っているわけではありません。ただ、この状況はよくあることだということです。

マニュアルや、指導・保育計画や、教える際の台本はなく、日本の幼児教

育者は、曖昧なことへの忍耐能力と、クラスで起きる状況に独創的かつ決まりにとらわれずに対応する能力が求められる。インタビューで、多くの日本の幼児教育者は、熟練の幼児教育者の特徴を「素直」という言葉を使って表現した。インタビューで日本の幼児教育者は、「素直」をいわゆる「広い心の」「寛大な」「誠実な」の意味で使った。メアリー・ホワイトとロバート・レヴィン（Merry White & Robert LeVine, 1986）は、「素直」は日本人の母親が「よい子」の定義に入れる重要な言葉の1つで、それゆえ、教師も生徒の素直さに価値を置いていることを確認した。本研究では「素直」をよい教師の特徴だと示唆する。

　教師が「素直」であるということは、判断をせず、先入観なしに、対応を事前に決めることなく、子どもたちが言うことを聞くことであり、子どもたちの偏見のない、寛容な、心の広い正直さとやりとりをすることである。

　東　洋（Azuma Hiroshi, 1994）はこの姿勢を「頭を空っぽにする」と記述した。東は、真の理解は、人が他者の話を聞くときに頭を空にしないと不可能であると示唆した。これは、スパイロ、コリン、ラムチャンドラン（2007）の議論、「構造が不明確な分野は、熟練実践者に複雑で寛容で融通の効く思考回路を求め……数々の表現、相関性、偶然、状況により特徴づけられた知識の構築を育てる。それは『時と場によって』と言うのが適切なときを認識する傾向であり、多くの状況が 『これか／または』ではなく、間のグレーであることを認める傾向である」（p.20）と一致する。

　ここに、「頭を空にする」という概念と精神分析者の聞く技術（傾聴）、文化人類学者のいう文化に超越はないという文化相対主義、禅の美学と倫理に平行しているものを見る。禅は「悟る」（頭を空にする）を成熟した大人になる鍵の概念として強調する。「頭を空にする」ことは無知とは違う。禅用語に、心を空にすることを意味する「無心」というものがある。精神分析者・文化人類学者・禅人、全てが曖昧さと感受性に忍耐する技術を表現する言葉を持ち合わせている。

　本研究の研究協力者は、これらの技術を熟練の幼児教育者の中にも見出した。融通が効き、曖昧さに耐え、決まりきった考えを持つのではなく、子どもたちからの考えを受け入れ、子どもに注目し、自分の行動を、子どもや変化し続ける状況に合わせていく。貝塚先生が示唆したように、時間が経つにつれ、教師

は余計なことを考えず、その場に存在し、それには、固定概念や先入観、台本的なものから、「空になること」が求められる。

注目の仕方

　森田先生と貝塚先生の両者は、教え始めたとき、クラス全体や個々の子どもたちなど、いつどこに注目すればよいのか、その必要性とバランスの判断が難しかったと語った。彼女たちの園長たちも同意した。クラスの他の子どもたちが着替えをしている間、2人の男の子のケンカを仲裁している場面への貝塚先生の振り返りの中にその様子を見ることができる。

　貝塚：ここで、私は場所と時間をうまく使っていないですよね。2人の男の子たちをみているとき、もう少し他の子どもたちにも注目できていたらなと思います。
　町山：言いたいこと、とてもよくわかります。経験を積んでからだったら他の子どもたちにも注意を払いましたよね。これが違うところです。この場面ではまだ経験が浅いですから。

　貝塚先生は自分の教育歴の浅いときの弱点を、注意が1人や2人の子どもたちと狭い範囲だけに向いていて、クラスの他の子どもたちを無視していることだと語った。他方、経験を積んでいない教師はクラス全体に注目しすぎ、子どもたち個人への注目がわずかであるという、逆方向の間違いをも起こす。森田先生は、それをクラス内を歩き回っているときや、折り紙活動のときなど、1日の中での活動中に感じていた。それゆえ、熟練の教えることとは、個々の子どもとグループの間で、注目の必要性のバランスに気を遣うこと、と定義できる。

子どもを知り、信じること

　小松谷保育園とまどか幼稚園のインタビューの中で、先生たちと園長たちは、

彼らは経験とともに子どもを知り、子どもを信じることを学ぶと示唆した。それは、先生たちが子どもたちと関わるときの方法を1人1人に合わせること、そして、クラスの状況を予測できるようになることである。

> 林：子どもたちとどのように関わるか、経験を積む前と積んでからでは変わりましたか。
> 貝塚：年月とともに変わりました。教え始めたときは、どの子どもとも同じように接しないといけないと思っていました。例えば、同じように叱る、同じ方法で注目を集めると。でも、経験とともに、だんだんと、その子その子に合った対応を考え、違う子には違う方法で叱ったりその場に合った方法で注目を集めたりできるようになりました。
> トービン：その変化は先生たちに典型的なものですか。
> 町山：そうあるべきです。先生たちはそれぞれの子どもによって、その対応を変えるべき。でも、必ずしも全員とは限りません。

野上先生も同じ指摘をした：

> 林：新しい保育士と経験を積んだ保育士の違いは何ですか。
> 野上：子どもを見る能力。子どもを見るだけでなく、どういう子どもたちなのかを判断する能力、そして、その子どもが色々な状況でどんなことをするかを予測する能力。

吉澤園長は新しい先生たちに、4月に園が始まった後、できるだけ早く自分のクラスの子ども1人1人の性格を覚えることが重要だと強調していると言った。

> 毎年6月頃に、野上先生が私のところに来て、「子どもたちをわかってきました」と言うのです。彼が意味することは、私たちは子どもたちの性格や習慣、子どもたちがある状況でどう行動するか、そして、クラスの中の子どもたちがどう関わるか、がわかってきたということです。

野上先生は子どもを知ることに加えて、新しい先生たちは子どもを信じることを学ぶ必要があると示唆した。

　野上：新しい先生たちは子どもたちのケンカにすぐ介入します。なぜって、彼らは子どもたちが、何かとんでもないことをするのではないかと恐れているからです。また、新しい先生たちは子どもたちをクラスの中に留めておこうとします。子どもたちが視界から消えるのではと心配だからです。あるいは、子どもたちが泥の中で遊ぶのを止めます。私は止めません。私はただ「たいしたことじゃない。洗えばいいじゃん」と思うだけです。
　トービン：それを新しい先生たちに言いますか。
　野上：はい、伝えます。「きつく対応しないで。子どもは問題を起こさないよ。子どもたちは自分たちができることと、できないことをわかっているよ」と。

子どもの「甘え」を理解する

　第2章で、土居が人間にとって基本的な欲求で、日本文化において顕著であると議論した「甘え」の概念を紹介した。土居によると、「甘え」は他の人に面倒をみてもらいたいという願望の表現である。小松谷保育園の森田先生と野上先生との追跡インタビューの中で、彼らは経験とともに子どもたちの「甘え」の表現を理解することを学び、それらの表現に細かく、よりよく対応することを学んだと強調した。森田先生は、子どもたちの靴の脱ぎ履きを手伝うか手伝わないか決めるような簡単そうに見えることの中に、自分が時とともにどう変わったか例をあげた。

　特に私たちに時間がないときは、子どもが靴を履くのを手伝った方が早い。保育士歴2年目ではよくそういった間違いをしていました。私は、しょっちゅう、すぐに彼らを手伝っていました。それは、子どもから彼ら自身で成長する機会を奪っていたことを意味します。私の仕事は子どもの靴を履かせ

ること、または、私の仕事は子どもの面倒をみることって思っていたのです。教育実習で来る学生さんは、子どもたちが助けを求めたとき、靴を履かせてあげる傾向にあります。私は「待って」って伝えます。そうすると、教育実習の学生さんたちは「そうなると私は何をしたらいいの？」って感じになります。何もすることがないので、学生さんたちは周りにただ立っているだけみたいになります。実際は、「見守る」、それが私たちの仕事なのです。しかし、学生さんたちはまだそこまでに至っていない。保育士歴の浅い時は、私たちの仕事は「手伝うこと」だと考えていました。

野上先生は「それは保育歴が浅いときは『私の仕事は子どもたちの面倒をみること』と定義して、経験を積むと『私の仕事は子どもたちの成長に参加すること』ってなるのですよね」と付け加えた。

野上先生は自身が初心者のときと経験を積んだ後の違いを説明する中で、本研究での３つの中心的概念である「甘え」「見守り」「思いやり」を関連づけた：

　私が思うに、教えたての頃は、私の実践は自分自身への「思いやり」が基盤になっていた。保育歴が浅い頃は、子どもたちを手伝っていると思うことで自分自身が気分よくなっていました。あるいは、他の人から子どもたちを手伝うことで評価を得たかったのかもしれません。または、靴を履かせるという事実が、教える能力の証明であると思っていたのかもしれません。経験を積んで子どもたちが「甘え」を見せると、だんだんと「見守る」ことができるようになります。つまり“手を使う”のではなく、“目を使う”ということです。

森田先生は、いつ子どもたちを助け、いつ距離を取るかを知ることの中に、教えることの技術があると示唆した。しかし、これを知ることは必ずしも意識的なものではない。

トービン：子どもが困っているのを見たら、手伝うという傾向みたいなのはありますか。

森田：うーん。私は彼らを手伝いたいけど、子どもたちは自分でできるっていうのを発見したとき、嬉しいっていうのを知っています。だけど、はい。待つっていうのはすごく難しい。

林：教え始めたときはどうでしたか。

森田：できませんでした。全てをしていました。待つなんて全くしなかった。子どもたちの甘えを受け入れるためには余裕を持つことが必要で、子どもたちに自分でできるよといつ勇気付け、いつ手伝って1人1人への注目をするかを知る必要があります。色々な要因によります。例えば、4月生まれの子は自分で色々できることが多い。だから、私たち保育士はまだ自分でできることが少ない3月生まれの子どもと時間を共にすることが多くなります。自分で色々できる子が、気にしてほしい日もあります。そんな時は、その子を甘えさせます。子どもたちの甘えを受け入れることは、子どもたちとの関係を築く1つの方法です。甘えはスキンシップみたいなものです。でも、それをするためには余裕がなくてはいけません。

林：どうやって、甘えを受け入れるときと距離を保つときを知るのですか。

森田：感覚かな。

専門的判断

ポランニー（1962）は、専門知識の中心的要素は、部位を超えて全体を見る能力だと議論する。彼は、私たちが顔をどうやって認識するかという疑問を投げかけ、その能力は顔の各部位の特徴を組織的に分別するのではなく、形態としての顔の暗黙の認識・部分の集まりというよりは全体の結合として認識することであると議論している（p.603）。ポランニーはこの議論を、個々の臨床の症状からだけでなく、専門家的直観をもとに、患者の何が問題なのかを究明し、状況の厳しさを決める、医学診断医の専門家の技術にも応用した（p.604）。ポランニーはその専門家的直観を「暗黙知」と呼んだ。なぜならば、それらは意識的にはアクセスできないからだ。

技術ある幼児教育者の能力にもポランニーの議論を展開することができる。例えば、インタビューしたほとんどの日本人幼児教育者は、有効な教授的戦略として「見守る」実践を認識することができた。しかし、ほとんどが「見守る」ときに使っている身体実践を認識できなかった。そのことから、本研究では身体実践を暗黙の専門的知識の形と定義するに至った。インタビューした人たちは、なぜある状況では仲裁して、ある状況では距離を置くのか説明するのに苦戦した。経験を積んだ日本人幼児教育者が、クラス内で起こる騒ぎを判断する能力は、病気の原因を明らかにすることができる、経験を積んだ内科医と似ている。暗黙知に基づいたものだが、同じ症状のある患者を帰宅させ、ある患者を入院させる判断に、何が要因となっているかを語ることは難しい。

くまのぬいぐるみを巡るケンカに、なぜそのような対応をしたのか振り返るように頼まれたとき、森田先生は、多少なりとも気になった幾つかの要因をあげることができた。例えば、女の子たちとピアノとの距離が気がかりだった、女の子たちが日常的にケンカをしていたという知識があったのでケンカそのものはそれほど気がかりではなかったなどである。髪の毛を引っ張ったというケンカを振り返ったとき、貝塚先生はケンカに仲裁に入ることもあれば、入らないこともあると語り、その決断は様々な要因によると語った。2人の先生は、そのような状況で、どの要因を考慮に入れたかを語ることはできたが、ある状況では仲裁し、ある状況では仲裁しないという専門的直観に、どの要因がどう働いたのかを説明することには苦戦した。10年前の自身の教えている姿をビデオで見て、両先生は昔の判断の多くに疑問を示した。それは、経験とともに変化したのは、彼らの子どもを読む力と子どもたちの関係性を判断する力であり、手順や確認表に従うことなく、全形態として各状況を読む力であることを示唆している。

身体実践としての専門性

経験とともに、2つの意味で、教師の実践は身体化する。時間を経て、教師は言葉を使ってではなく身体を使って子どもたちとコミュニケーションをとることを学び、台本通りにしようとしたり、考えるために立ち止まったりするこ

となく行動し、反応できるようになる。それが教えることをより流れるように、自然で、そして、様々な子どもたちと状況に対応した反応を可能にする。

まどか幼稚園と小松谷保育園での両インタビューで、研究協力者は話すことよりも身体行動の価値を強調した。森田先生は10年前の自身の教える姿を「話し過ぎ」と描写し、野上先生が、「今は、話すことではなく見せることで、物事を説明できるようになった」と加えた。まどか幼稚園の町山太郎園長は、それは新しい先生たちと経験を積んだ先生たちの主な違いだと示唆した。

> 1年目の先生は、ものを言う傾向があります。子どもたちに「それは駄目」といった感じで。10年目の先生たちは、冷静に部屋の中に静かな状況を作って、言葉ではなく彼らの身体で語ります。子どもたちに「これって駄目なのかな」とか「ごめん」といった感じを持たせるのに効果的です。10年目の先生たちは雰囲気を生み出すのです。それが会話のようになり、より相互的になります。これは先生が子どもたちに語るだけではなく、子どもたちに耳を傾けるということです。

多分、身体で教えることの価値を言葉で説明しようとすることの皮肉に気づき、町山太郎園長は大げさな仕草と表情で要点を説明し、強調した［画像5.2a.–f.］。

> 林：先生たちは身体を使って「雰囲気を生み出す」とおっしゃいました。先生たちはそれをどうやってするのかもう少し説明して頂けませんか。
> 町山：全てです。悲しさ・寂しさ・怒り・幸せ・思慮深さなどを含めた表情。先生たちの頭に何があるかを見せようとします。「はっきりしない」「ちょっと待って、考えているよ」「どう思う？」「うーん、わかんないな」などです。先生たちは結論を言いません。

ここで町山太郎園長がいう熟練教師になるにつれてだんだんと言葉から離れていくという考えは、複雑な分野での熟練の仕事は非言語が必然であると示唆したブロック（1991）の論と一致している：

画像 5.2a.「はっきりしないな」　画像 5.2b.「考えてるよ」　画像 5.2c.「わかった」

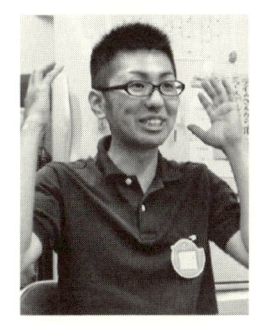  

画像 5.2d.－f.「身体や表情で雰囲気を生み出すのです」

　複雑な実践的課題の実行のもとにある知識の一般的特徴は……非言語を求める……多分、教えることのある部分は言語でなされる必要があるが、実践技術の非言語的移転には有利な点がある……教師からなされる暗黙から言語的明確な知識の移転と、学ぶ者からなされる言語的明確から暗黙の知識への移転の両方がある（p.187）。

　ブロックはある領域において、熟練実践者が行動する能力は非言語的に違いないと示唆する。思考と行動を言語へ、言語から思考と行動を、という置き換えは、それらの領域と状況が求める流れを妨げるからだ。ポランニー（1962）は泳ぐことやピアノを弾くといった活動をあげ、「もし技術の全ての構成部分に意識を集中させることになってしまったら、その行動は全てを麻痺させるだ

ろう」（p.601）と議論した。バーリナー（1988）は熟練教師の発達段階の要約の中で類似点をあげている：

　もし、初心者や中級者、そして自信ある行動者は理性的だとすると、熟練行動者は直観的で、私たちは熟練者を「理論外」に分類できるだろう。彼らは状況を掴む直観を持っており、それは分析や熟慮をしない方法で、どうすれば適切な反応ができるかを感じ取るようである。私たちが皆、話すときに言葉を選ぶ必要がなくなるように、または歩くときにどこに足を置けばいいかを考える必要がないように、彼らは流れるような行動を見せる（p.5）。

　貝塚先生に幼稚園教諭歴の"今"という時点で、教えることがどの程度意識的かを聞くと、彼女は「正直、クラスでの1日が始まったら、必ずしも意識的ではないです」と答えた。
　ここで、初心者と熟練教師の主な違いは、教えるときの重要な道具である身体の使い方であると示唆する。熟練教師は身のこなしがより巧みで、流れるようである。しかし、貝塚先生と森田先生に、この考えに賛成か、そして、経験を積んでクラス内で身体をより効果的に使えるようになったといえるかと聞くと、彼女らは答えに窮した。森田先生は語った：

　今、私はクラスの中では心のゆとりを感じるようになりました。だけど、私の身体の使い方の技術が向上したかはわからないです。前よりよくなったというのは本当かもしれないけど、自分では意識していません。今、私が教えているところをビデオにとって、今と昔で比較してみたら面白いですよね。

どのように専門性を身につけるのか

経験かな？

　「余裕がない」から「余裕がある」へ、「急いでいて硬く一方的」から「落ち着いていて自然で相互的」への変化を、教師たちはどのように説明するのだろ

うか。何が熟練教師に至る過程や指導技術の向上に貢献しているのか。本研究でインタビューした、日本の幼児教育者と園長たちは同じように「経験」と答えた。この答えの問題点は、堂々巡りに陥ることだ。経験の浅い教師たちと経験を積んだ教師たちの違いは、経験を積んだ教師たちは、経験の浅い教師たちより多くの教えた経験があるからだと言っているのと同じで、「経験」とは曖昧で、中が見えないブラック・ボックスのようなものだ。

　研究協力者は、経験はうまく教えることを学ぶのにきわめて重要だと語ったが、同時に様々な形でこの説明が的確であるか疑問を示した。

　トービン：新しい先生たちはケンカに介入するのが早すぎるとおっしゃいました。
　吉澤：私たちが子どもたちのケンカに決して介入に入らないってことじゃないです。子どもたちを止めなくてはいけない場面もあります。例えば、子どもたちが何か危険なものを握った場合。でも、子どもたちがそこまでいかなければ、彼らを止めません。
　林：どうやって先生たちはその違いを知るようになるのですか。
　森田：経験、かな？
　吉澤：多分、経験だけ？
　野上：経験から、かな？

　このとき、研究協力者たちは答えの文末に「かな？」をつけた。そのことで、彼らは疑問を示唆しているのではないだろうか。その疑問とは、経験が専門性の発達にとって必要だということに対してではなく、経験そのものだけが的確な説明であるかについての疑問である。

　経験を積んでも、全ての先生たちが熟練者になるとは限らない。町山太郎園長が語ったように、他の何かが欠けているからだ。

　トービン：雇用するほとんどの先生たちがよい先生になりますか。
　町山：それは私たちの課題です。先生たちにはセンスが必要です。もし、そのセンスを持っていなかったら、先生たちは経験を積んだ先生たちに言われ

たことを理解することはできるが、そのアドバイスを実践に生かすことができない。彼らは何度も何度も同じアドバイスを得るが、そこから学べないのです。

町山太郎園長の説明は、熟練教師たちは持っていて経験の浅い教師たちに欠けている、その“センス”とは何だろうか、という疑問を抱かせた。

教師たちが専門性を習得するのに必要なものは何かという質問に対する答えは、「経験」と「センス」であった。しかし、これに満足できず、研究協力者に、文献の中で述べられている専門性を身につける数々の影響、例えば、研修会・専門的能力の開発への活動・師弟関係からの学び・先輩や同僚からのフィードバック・試行錯誤から学ぶものなどについてさらなる質問をした。彼らの答えは、熟練教師になるのには、多かれ少なかれ、それら全ての組み合わせが必要であることを示唆した。そして本研究では、さらに「もっと何か」であると示唆する。

師弟関係からの学び

師弟関係からの学びは、芸術分野において専門性を習得するための日本の教授法として研究されているが、正式な師弟関係が稀である教育の分野ではあまり研究されていない（Singleton, 1998; DeCoker, 1998）。本研究の研究協力者で唯一、明晴学園の澤村和哉先生が、特定の先生からうまく教えることを学んだと報告した。明晴学園は私立の学校で、日本手話を学習とコミュニケーションの第一言語として使っている日本で唯一の学校である。手話言語教育において、日本では教員養成講座が実施されていないので、明晴学園での主な専門的能力の開発の構造は、経験の浅い教師が経験を積んだ教師と1年間、あるいはそれ以上、同じクラスで一緒に教えることである。

明晴学園幼稚部で、澤村先生は最初の2年間を池田先生と同じクラスで過ごした。池田先生は明晴学園の創設グループの一員で、明晴学園幼稚部の最初の指導者であった。澤村先生は、池田先生との関係性を見習いや弟子といった言葉を使わずに述べたが、どのようにろう児に教えることを学んだかという質問

に、簡潔に「池田先生から」と答えた。池田先生は、自身を指導役としてどう見ているかをインタビューの中でこう説明した：

> 池田：明晴学園が設立した当初、3〜5歳の子どもを手話で教育した経験をもっているのは私だけでしたが、しばらくすると、ほかの先生たちも力をつけてきて役割分担ができるようになりました。今年、私は乳児クラスを担当しています。学期のはじめは、ときどき幼稚部に手伝いに行きましたが、担当ではない私が教室にいることで、子どもたちが混乱する場面がありました。そこで、クラス運営は担当の澤村先生に任せて、私は乳児クラスに専念することにしました。
>
> トービン：ということは、他の先生が育つように、離れることを選んだのですか。
>
> 池田：それもあります。明晴学園幼稚部としては、子どもたちを手話で教育できる指導者がたくさん必要です。誰か1人しかいないというのでは困ります。子どもも保護者も、いろいろな先生と関わって信頼関係を作ることが大切です。

　公立のろう学校においても、若い教師が、経験を積んだ教師とチームになるのはよくあることだ。専門技術的分野では必要だと考えられていることと、ろう学校の教師の配置基準から1人以上の教師が同じクラスに割り当てられることが可能だからだ。聴者の幼稚園・保育所では、若く、経験の浅い教師たちが、「フリー」の先生として、経験を積んだ先生たちと同じクラスに配置されることがある。自分自身のクラスを受け持つ前に経験を積む機会にもなるが、それらの配置は見習いという概念化はされていない。また、それらは長くかかると信じられている教えることの専門性を深めるというよりは、導入である。幼稚園・保育所の先生たちは、先輩を見ることと真似ることから多くを学んだと語ったが、主に特定の先輩からうまく教えることを学んだとは報告しなかった。貝塚先生は言った：

> 私は、先輩たちを見ることで、多くを学びました。それを取り入れ、自分

なりの方法で試してみる。それでもうまくいかないときには、経験を積んだ先生たちと話してみると、ヒントを得られたり、「こうしてみたら？」と助言をくれたりしました。ときには私と一緒に子どもたちを見てくれたりすることもありました。

本研究の研究協力者は、先輩たちから学びつつも、その過程は真似ることによる直接的観察学習ではないと強調した。彼らの記述は、ポランニー（1966）が"内在の"と概念化した暗黙知の習得の形と同列である。ポランニーは"内在の"を、1つまたは主な独立した行動からではなく、師が身につけている全体的な専門の質の出現により、徐々に内在化すると定義した。

見ているものは、外から彼らの中にあるものを思案しようと求めることで、師のそれらの動きと関連しようとする。自らの中に盛り込むことで、それらの動きを考える。そのような内在の探索により、弟子は師の技術の感覚を得て、師と張り合うことを学ぶのかもしれない（p.30）。

森田先生が語る：

私は先輩たちを見ることで「もう少し待つことができたのか」のように物事を学び、かつ、子どもたちに遣うよい表現などを学びました。それはすごく役立ちましたが、それでも、私たち自身で物事を見出していく必要があります。誰かが、私にこうしたらいいよ、って教えてくれるものではないのです。でも、最初に自分のクラスを持ったとき、隣のクラスを持っていた野上先生をいつも見ていました。

フィードバック

上記のコメントが示唆しているように、多くの先生たちがキャリアの初期の正式な助言からよりも、経験を積んだ先生たちから時として得るちょっとしたアドバイスが有益だったと語った。経験を積んだ先生たちと園長たちは、若い

先生たちにちょっとしたアドバイスを思慮深く与えると語った。例えば、野上先生は小松谷保育園での主任としての役割は、第一に、落ち着いて機転の効く支援と励ましを提供することだと考えている。彼は研究会や打ち合わせを若い先生たちとすることはあまりないし、直接的な助言をすることもあまりないと語った。

> 林：若い先生たちにこのような状況のときはこういうよい方法があるよ、と伝えることはありますか。
> 野上：私は、先生たちが子どもに焦点をあてていないのを見たとき、何かを言います。例えば、先生たちが保護者や他の先生たちに見せようとして何かをしているのをたまたま見たりしたら。新しい先生が園に初めて来たとき、私がする唯一のことは、子どもの発達についての助言、子どもの気持ちについての助言だけです。彼らに子どもについて語ります。それだけです。子どもたちが、その年齢で、学ぶ必要があることと学ぶ必要がないことの区別をするのは大切なことです。大人の考えを彼らに押し付けるべきではないと思っています。

泉山幼稚園の熊谷園長も、いつ若い先生に助言を与えるかという質問に似たような答えをした。

> もし私が偶然、疑問に思うことをしている現場を見たら、「もう少し違うように見る方法があるのじゃない？」とか「あら〜。それは難しい状況ね？」みたいに言うかな。先生がしていることを直感的に批判はしないほうがいいと思います。

熊谷先生も野上先生と同じ「もし偶然見たら……」という言葉を使った。その言葉から、自身の役割を見張り役としてではなく、その瞬間に親切な提案をする者として見ていることを明確にしたいということがうかがえる。2人はインタビューにおける上記のコメントで、また他の経験を積んだ教師も、若い教師の努力と自分自身で解決する能力を尊重するという意味で、批判的なフィー

ドバックをできるだけ柔らかくする必要があると強調した。貝塚先生は、若い教師が理想ではない方法で子どもと関わっているのを見たとき、経験を積んだ教師が取りうる最小限のアプローチの例をあげた。そのような状況で言うことは「ちょっと」だと語った。経験を積んだ教師が若い教師の専門的能力の開発を支援する際にあまり介入しないアプローチと、日本の幼児教育者が子どもたちの社会性や情緒の発達を支援する際にあまり介入しないアプローチには類似性がある。これは偶然ではないだろう。根底にある文化的教授法は、最小限の介入であって、見ることと待つことで発達を支援する「見守る」である。

試行錯誤

ほとんどの研究協力者は、若い教師たちはうまく教えることを、研修会や師弟関係、あるいは、直接的なフィードバックから学ぶのではなく、試行錯誤から学ぶと報告した。町山太郎園長はこう語った：

> 先生たちがどう熟練者としての専門知識を習得するかを説明するのは難しい。なぜならば、そういったものは教えられたものではないからです。先輩の先生たちが、若い先生たちにこうしなさい、って伝えられるものではない。それは自分自身で獲得するべきものです。「私はこれを試した。これはうまくいかなかった。次は何をするべきなのか」という連続です。先生たちは失敗から成長します。

同様に、森田先生の保育士としての成長について、吉澤園長は、「経験を積み、特に失敗の経験をして、彼女は徐々に変わった」と述べた。それに対して森田先生は、「多くの間違いをしたし、多くの失敗をしました。そこから徐々に、これは1歳児、これは4歳児って学んでいって、何かを説明するとき、言い方を変える必要があるんだなぁって」と答えた。

森田先生は少し変わった比喩を使って、試行錯誤から学ぶことの大切さを強調した：

　新しい先生たちは経験に欠けています。経験を積んだ先生が持っている感覚をまだつかみきれていないのです。経験を積むと、その感覚が私たちの中に生まれてきます。それはきのこ採りのようなものです。「これは食べられるきのこ。だけど、これは毒きのこ」経験を通して、どのきのこは食べて大丈夫かをわかるようになります。

　貝塚先生はきのこ採りとは別の比喩を用いた。腕のいいシェフになることと熟練教師になる過程を比較した：

　多くの子どもたちと関わった後、より多くの経験を積み、段々と料理のレパートリーを増やすみたいに、教え方や子どもたちへの対応のレパートリーを増やしていった感じです。

　貝塚先生が言う教える技術のレパートリーが多くなるという発達の概念は、熟練者とは、ある種の技術と図式を習得して新しい状況に対応できることであるという、ブロックとスパイロの概念と一致している。経験を積んだ先生たちは、状況と子どもたちをより早くより正確に読むことと、個々の子どもと個々の状況に幅広いレパートリーで対応することの両方を過去の経験から導き出す。貝塚先生と森田先生の専門性の発達の自己報告は、ブロック（1991）のチェスの記述とよく似ている：

　熟練チェス選手は、チェスのルールを知っていることや他のコマを倒さずに１つのコマを動かすといった動体能力を実行することに関して、初心者と大して変わりがない。何が初心者と熟練者を区別しているかというと、複雑な戦術論的数式のルールを扱う能力ではなく、チェスボード全体、もしくは部分の配置を非常に総合的・組織的に記憶に蓄積することである。それは、熟練者が次に何をするべきか、瞬時に状況を認識することに繋がる。確実に起きていることは、熟練者は多くの試合を覚えているだけでなく、その長い実践の中から、多くの試合と配置を覚えることを初心者よりもより簡単に、そして、より早くできるようにするある回路を発達させていることだ。その

ような情報をどうやって獲得するかを習得した。これは熟練者が、うまく対処できる分野内である限り、自分が認識できる状況だけでなく新しい状況でもうまくやっていくことができることを説明している（p.188）。

集団としての専門性・文脈に埋め込まれた専門性

本研究の研究協力者に、「どのように教師の専門性が発達するのか」と聞いたとき、もしかしたら間違った質問をしていたのかもしれない。この質問は、専門性は、チームの集団的特性というよりは個人の教師たちの質で、それは文脈に帰属しているものというよりはある文脈から他の文脈に転移可能なものだと仮定していた。研究協力者の反応を見ていると、多くのコメントは個人としてではなく、その幼稚園・保育所の職員の質としての専門性に言及している。そして、それは彼らを雇い、多くの幼児教育者がキャリアの全てを過ごす幼稚園・保育所に限定された質についてであると見ることができる。町山太郎園長は、「ここで育つのは子どもたちだけではありません。先生たちもここで育つのです。最初の何年間は彼らが育つための時間なのです」とコメントした。

本研究でインタビューした園長たちは、職員は単なる個人の集まりではなく、チームであるという考えを語った。チームのメンバーにはクラスを受け持つ先生たちだけではなく、バスの運転士さんや、手伝い、パートタイムの先生たちも含まれている。まどか幼稚園の先生たちが説明した：

林：初心者の先生たちは、どう成長していくのですか。
町山芳夫：まず、彼らは素質がなくてはいけない。それが一番大事なことです。次に連携です。ここで、みんなで子どもたちを育てます。ここには4人のフリーの先生と幼稚園教諭免許を持っていない2人の保育補助がいます。この保育補助は私たちと20年以上一緒に働いているので、とても助かります。
町山太郎：彼らは子どもたちを教えません。アシスタントです。私たちの幼稚園では、おばあちゃんみたいな存在です。子どもたちに「それはいけないね」というようなことを言います。

貝塚：私たちは、園にそういう方がいて幸運です。学級活動の準備を手伝ってくれるだけでなく、よい雰囲気を作りだすのを手伝ってくれます。私たちは「先生」と呼びます。言葉にするのは難しいんですけど、彼らの存在が私たちの園での人間関係をスムーズにしてくれる。そんな存在です。

町山太郎：彼らは20年間教諭経験をした担任の先生とは違う貢献をしてくれます。

こうしたコメントは、園長たちが専門性を彼らの職員の総合能力として考えていることを示唆する。日本の幼稚園・保育所が先生を解雇すること、または他の幼稚園・保育所で働いていた経験を積んだ先生たちを雇うことは稀である。そのかわり、最初の雇用をできるだけ注意深く行い、ある先生は決して熟練者になれないのがわかっていても、雇った職員がチームのメンバーとしてうまく機能するように全力で支援する。熊谷園長はコメントした：

　私たちは雇用した先生がすべて熟練者になれるとは思っていない。でも、私たちは、彼らがうまくできることは何か、彼らの得意なことは何かを考える必要があり、弱点が最小限になる状況に彼らを置くことを考える必要があります。

日本人幼児教育者たちは、専門性を集団的なものというだけではなく、文脈によるとも見ている。インタビューの中で"小松谷保育園の精神"や"まどか幼稚園の方法"という言葉をよく聞いた。野上先生は、『3つの文化における幼児教育2009』の中で報告された1984年と2004年の小松谷保育園の考え方の継続性は、新しい先生たちの小松谷保育園の精神への社会化の結果だと語った：

　私たちの職員は年月を経てそんなに変わっていないのかもしれない。それは、私たちの、子どもを中心にという考えが同じだから。新しい先生に私がする唯一のことは、子どもについて話すことです。それが私たちのやり方です。

「私の教え方は小松谷の教え方。もし私が他の園に雇われていたら、全く違った先生になっていたかもしれない」と森田先生は同意した。

　この組織内での職員の能力開発の構図は、幼稚園・保育所だけでなく日本の会社でもよくあることだ。例えば、トーマス・ローレン（Thomas Rohlen, 1974）は、日本の銀行が、新しい雇用者を彼ら独特の組織形式とその文化にどう社会化させるかを研究した。日本の専門的能力の開発の考え方は、1つの場所で経験を積むことであって、転職できるような技術を習得することではない。多くの私立の幼稚園・保育所は、職員が変わらず理念が一貫しており、園にしっかりした文化を根付かせている。『3つの文化における幼児教育2009』に、トービン、朱、唐澤は以下のように書いている：

> 小松谷保育園とまどか幼稚園の両園は、園長と経験を積んだ先生たちが新しい職員の育成にとても強い役割を果たしており、特徴的で、特有の取り組みを確立し、頻繁な職員の入れ替わりにもかかわらず、世代を超えて一貫した実践を維持している私立の園である（p.145）。

　最初の5年間で、幼稚園教諭・保育士は、幼稚園・保育所の信念・実践・精神へ文化化する。この文化化は直接的な指示や形式的な師弟関係からではなく、その文化世界に浸ることによって起こる。幼稚園・保育所の、日常・子どもと教師の割合・保育教材・建物、これら全てが教師の発達を構築する過程に役割を担う。ヴァン・マーネン（1995）は、熟練教師の実践である「教授的タクト」を、特定の学校と教室の物体に即したものだと強調した。

> 教えることの実践的知識は、私たちを取り巻く物体の中に存在する。身体が適応した部屋と認識した教室の物質的側面、教室を感じる感覚、教師として感じた自身が何者であるかという感じ、学生の理解、教えたことが掴まれた感じ、学校・廊下・職員室・教室での私の世界に属する雰囲気である（p.11）。

　自分のクラスと自分の担当する子どもがいても、先生たちはほぼ半日を他の

先生と過ごしていると推測できる。1日は外での比較的長い自由遊びから始まり、その間、先生たちは子どもたちをみんなで見ている。多くの幼稚園・保育所の部屋は、引き戸による壁で仕切られており、1日の半分は開いている。子どもたちも先生たちも隣接する部屋から入ってくることができる。ある幼稚園では、昼食は食堂で提供され、他のクラスと一緒になる。午後は、一般的に長い自由遊びが含まれる。この1日の流れは、新しい先生たちが、経験を積んだ先生が様々な状況を扱う場面を見て、課題を話し合い、助言を求め、答えを得る多くの機会となる。まどか幼稚園では、1日の流れの一環として、先生たちは子どもたちや保護者のこと、イベントの予定などを話し合う短い朝礼がある。先生たちは、正式な研修会や教師になってからの専門的能力の開発についての活動などはあまり多くないが、朝礼や普段の会話が、子どもの発達と教授法の理解を深めるのに役立ったと語った。

　先生たち同様、園長たちも、専門性は個人の先生たちの特徴というよりは、職員全員の特徴として考えている。先生たちは、園長たちがそれぞれの先生の長所や短所に応じて配属する学年や課題を決めることを期待している。明晴学園幼稚部でもっとも経験があり、日本手話で子どもを指導する技術を持っている池田先生は、空いている時間を使って自分が担当する年齢以外の子どもと接することもあると語った。「日本手話ネイティブの指導者の役割として、例えば、幼稚部の学年末には就学前の5歳児と時間を多く過ごしたりします。これは、子どもたちが小学部にあがったときに、授業や学習に無理なく入れるようになってほしいからです」と池田先生は説明した。

　この、特定の園・学校の教育的アプローチに文化化するという考えと集合体としての専門性という考えは、アメリカの他、アングロサクソン系の国で行われてきた専門性に関する研究への新たな知見であり、また、挑戦でもある。ある文献は、専門家になることを、その分野のいちばんよい実践に従うよう熟達していくことと定義しており、教師たちがより専門性を増す価値を、学校の平凡な状況に社会化されていく危険と対比させている。学生たちが卒業して公立学校の教員になると、大学で学んだ先進的な実践から離れて社会化していくと教員養成に関わっている者は嘆く。ジョン・ロッホラン（John Loughran, 2007）は科学教師の専門的能力の開発についてこう書いている：

挑戦は、この導入期に学びを共有することを促すようにすることだ。社会化によるときに矛盾したメッセージが、多くの教え始めたての教師たちの科学を教える視野を形作り、教える行動に悪影響を与える（p.1052）。

　逆に、日本の幼稚園・保育所は、教員養成や卒業後の大学での授業は、教師たちが徐々に自分の園へ文化化されるより、教えるという専門性を発達させることに有益でないと見ている。日本の幼稚園・保育所は、専門性を転園可能な技術というよりは、幼稚園・保育所での集団の行動への貢献と特定の園の気風への文化化・身体化と定義している。そうは言っても、明晴学園、まどか幼稚園、小松谷保育園の園長たちと先生たちが、特有のアプローチに文化化されていくことへの価値を強調している中、本研究では、研究者の（部外者の）視点からは、それらのアプローチは異なるというよりはむしろ似ているということを指摘する。これにより、日本人幼児教育者が簡単に転園可能だと示唆しているのではなく、逆に、熟練指導は園特有であるという信念だが、熟練の日本的指導の側面は多くの園で広く共有されていると示唆する。

第6章

文化的実践としての
幼児教育政策

画像 6.1. 意見交換の様子

　研究プロジェクトが終盤に差しかかり、ご協力いただいた4つの園の先生たちに意見交換のために集まっていただいた［画像 6.1.］。

　「園長として、先生を育成する立場として、皆さんは先生たちにどのように働きかけていますか」
　小松谷保育園の野上孝哉先生は「影響力はできるだけ少なく」と答えた。

　このコメントの中に、幼稚園・保育所の先生たちが述べた子どもたちのケン

カへのアプローチとの共通点を見出すことができる。本章では、最小限の介入の原理は、幼稚園教諭・保育士から子どもたちに、園長から教師に、文部科学省・厚生労働省から幼稚園・保育所に対してと、日本の幼児教育のあらゆるレベルで作用していることを論ずる。クラス内での教師と子どもの関わり、園長から教師への助言の仕方、国のガイドライン（幼稚園教育要領・保育所保育指針）の各々の中に「見守る」概念の存在を見ることができる。そして、これは日本文化全般に深く根ざした構造パターンの例である。

　本章では、「見守る」に代表される暗黙の教授的実践と教育政策方針の関係性に焦点をあてる。幼児教育のカリキュラムと教授法において、文部科学省・厚生労働省を含めた教育に関わる行政はあまり介入しない。まず、そのあまり介入しない政策が、どのように幼稚園・保育所のクラスレベルにまで到達し展開されるかを提示する。次に、ろう教育を例外として議論する。ろう教育においては、行政はより直接的な役割を果たし、より明確な実践へのガイドラインを示している。

政策と実践としての「見守る」

　第1章で、「見守る」は、子どもたちに自身で物事に取り組み、解決する場所と空間を提供するよう考えられた戦略であり、日本の幼児教育のクラスでの多くの実践の基になっていることを示唆した。第5章では、教育歴の浅い教師たちも「見守る」という概念に馴染みはあるものの、この自制を要する教授法を有効に使うために必要な専門性を発達させるのには、年月がかかることを議論した。インタビューをした野上先生や幼稚園・保育所の園長は、時々助言はするが、指導計画と教授的実践の部分では、先生たちにかなりの自由を与えることを強調した。この自由・支援・最小限の指導という組み合わせは、「見守る」という1つの言葉で示される。

　このような教授的考えは幼稚園教育要領や保育所保育指針、他の文部科学省や厚生労働省から出されている資料にはっきりと示されていると思われるかもしれない。しかし、文部科学省・厚生労働省のガイドラインは直接的に「見守る」について言及していない。または、教員の育成やクラスでの実践の戦略と

して、「見守る」というアプローチをどのように活用できるかについても言及していない。

2018年に文部科学省が発行している幼稚園教育要領は「総則」「ねらい及び内容」「教育課程に係る教育時間の終了後等に行う教育活動などの留意事項」の3章からなる16ページのものである。具体的な項目の例として、「先生や友だちと共に過ごすことの喜びを味わう」「友だちと積極的に関わりながら喜びや悲しみを共感し合う」「自分の思ったことを相手に伝え、相手の思っていることに気付く」などがあげられる。しかし、「ねらい及び内容」の章で、教師たちがそれらのねらいを達成するために使うべき教授的戦略の方向性は示されていない。子どもたちが泣いたり、ケンカをしたりしたときに、どうするかといった実践的戦略についても言及されていない。厚生労働省から出されている保育所保育指針もほぼ同様である。ダニエル・ファーガスンとキャンダス・クービー（Daniel Ferguson & Candace Kuby, 2015）はこう書いている：

　　学校という場は活動的であることを、厚生労働省の文書も反映している。「実情に応じて」「創意工夫を図り」（2008, p.2）という文言を使い、ガイドラインをどのように解釈するか、各学校に柔軟性を与えるなど、緩やかなものになっている（p.411）。

文部科学省・厚生労働省のアプローチを、「あまり介入しない」や「指示的でない」と記述することで、それらの省庁から発行されたガイドラインが幼稚園・保育所に何もガイダンスを提供しないと指摘しているわけではない。文部科学省・厚生労働省の両省庁から発行されたガイドラインは、はっきりとした方針や考え方を記述しているし、両省庁ともに研修や専門的能力の開発の機会を提供している。文部科学省から発行された幼稚園教育要領は、曖昧な内容でも、曖昧な言葉を使っているわけでもない。むしろ、それらは文部科学省が60年以上にわたって表明してきた幼児教育の精神を示している（Akita, 2010; Nakatsubo et al., 2009）。アメリカ政府の「どの子も置き去りにしない（No Child Left Behind）」や、幼児教育協会の「発達上適切な実践（Developmentally Appropriate Practice）」のような名称を、文部科学省は彼らのアプローチに与

えてはいない。名称はないものの、ガイドラインは首尾一貫した考えを示している。それは、多くの研究者が「子ども中心・遊び中心」と呼び、日本の幼稚園・保育所の園長たちや幼児教育の専門家が「伸び伸び教育」などと呼ぶものだ。厚生労働省の保育所へのガイドラインも似たような目標と教授アプローチに言及している。

　文部科学省・厚生労働省のガイドラインは、幼児教育を統括している多くの国のガイドラインのように、詳細な基準や学びの結果を示していない。文部科学省と厚生労働省は、園と教師たちがガイドラインを実行しているかどうかを評価する仕組みを持ってはいるが、それらは自己評価システムで、罰則を伴うものではない。政府省庁からのアプローチは、幼稚園・保育所にガイドラインに従うように強制するものではなく、どちらかと言えば、園独自の方法で教育・保育を行うことを支援するものである。

「見守る」という形をとったガイドライン

　ガイドラインの指示的ではない側面が、各園に独自の教授的文化を発展させ、園長と職員に地域に合うカリキュラムアプローチを発展させる能力を与える。石垣恵美子（Ishigaki Emiko, 1999）は幼稚園の自主性を強調した：

　　各幼稚園は彼らの独自性を維持するべきであり、そのカリキュラムを法やガイドラインに従って、子どもの精神や身体発達、そして幼稚園と地域の状況に応じて、適切に調整するべきだ（p.26）。

東京の幼稚園の園長である武田咲子氏は、文部科学省の直接的でない政策アプローチに対して感謝の気持ちを語った：

林：このような簡潔なガイドラインに対してどう思われますか。
武田：私はこの簡潔なカリキュラムの意味することは、文部科学省が私たちに、「少なくともこれらのことには従ってください。あとはあなた方しだいです」って言っているのだと思います。その結果、義務教育はどこでもほと

んど同じですが、幼児教育は本当に様々です。ガイドラインは、園長と幼稚園教諭が自分たちで解釈する、言ってみれば聖書みたいなものです。

武田園長の説明は、最小限の方向性を示すことで、文部科学省が幼稚園の園長と教師たちに自身のアプローチを発展させる自由を与え、その結果として、園長と教師たちは、ガイドラインの精神を実施する責任をより強く持つようになることを暗に意味している。

インタビューした4人の先生たちは［画像6.2.］、政府による幼児教育の「ハード」と「ソフト」分野に対するアプローチを区別した。ハードの分野とは健康（栄養や食の安全）・空間（園庭や1人あたりの園児に対する保育室の広さ）・時間（1年間での登園数や1日の時間）などが含まれる。ソフトの分野とは、カリキュラムや教授法である。町山園長は、「彼らはどのようにハード面を扱うかについてのガイダンスを示します。中身は自由度が高い」と述べた。熊谷簑子園長は、文部科学省は大まかなカリキュラムの方向性を示し、それを、各園が独自の方法で運用していくことが大切であることを強調した：

　私たちは一般的なガイドラインに従います。だけど、各園に各々のアプローチと各自のガイドラインの解釈の仕方があって、それを実践に組み込んでいく。 これが私たちの各年齢の月間・週間・毎日のカリキュラム計画です。最初の欄にある5つの単語が文部科学省のガイドラインから来たもの。健康・人間関係・環境・言葉・表現。そして、私たちは「栽培・食育」をつけ加えたのです。これらそれぞれの分野に対して、文部科学省のガイドラインは広い定義を与え、そして、あとはそれに対して何をするかを決めるのは私たちしだい。

4人の先生たちに「このガイドラインは実践としての『見守る』について言及していますか」と聞いた。

熊谷：いいえ、「見守る」という言葉はここにはありません。だけど、私は文部科学省のガイドラインは「見守る」っていう雰囲気があると思う。そこ

には言葉そのものが意味すること以上のものがあるの。文章は多くを言うけど、言わずにあるものもたくさんある。雰囲気があるわよね。

町山：「見守る」という言葉はないですけど「見守る教育をしよう」っていう精神がそこにはあります。

熊谷：すごいと思わない？　文部科学省の人たちは私たちを信用しているのね。彼らは大きな器があって私たちを信頼している。ガイドラインは本当によくできている。ハード面での細かいことがあって、あとは私たちにまかせている。この本には「見守る」という雰囲気があるの。

　そして、熊谷園長は本棚に行くと、何冊かの本を持って戻ってきて、机の上に並べた。それらの本はハード面の健康・安全・建物についてのガイドラインを含む『幼稚園教育要領』と『幼稚園教育要領解説』である。熊谷園長はこの『幼稚園教育要領解説』はとても役に立つと語った。それは状況をどう扱うかという、例えば子どもがケンカしたときなどの詳細な指導を示しているのか、また、「見守る」について言及しているかと聞くと、彼女は「全くしていない」と答えた。　町山園長は賛同して、「この本は『見守る』という言葉は使っていないが、本自体に『見守る』の精神が宿っているのです。具体的に何をするかは言っていないが、そのかわりにこの本の中から自分たちでメッセージを見つけるように促しています」と説明した。町山園長と熊谷園長のここでのコメントは、幼稚園教諭が子どものケンカに仲裁に入りたいという衝動を自制

画像 6.2.（左から）町山太郎園長、熊谷知子副園長、野上孝哉先生、熊谷簧子園長

するように、文部科学省が具体的な実践を書き出すことを自制したのだと褒めているのだと解釈できる。

インタビューした何人かの園長は、省庁の園に対する姿勢を表現するときに、「信頼」という言葉を使った。熊谷園長が端的に「私たちを信頼している」と言ったようにである。このコメントは、「見守る」という戦略を、「子どもたちを信頼しているから、私たちは待てる」「子どもたちを信じているから、私たちは待てるのです」と説明した幼稚園教諭のコメントと類似する。

ガイドラインの指示的でない側面は、幼稚園・保育所の職員を支援すると同時に、幼稚園・保育所の強さを反映している。多くの日本の幼稚園・保育所は、長く勤めている園長がおり、多くの場合、園長が同時に経営者である私立である（MEXT, 2009）。公立の幼稚園・保育所では、園長と教師は、園から園への転勤はあるものの、公務員であるということもあり、保育に何年も従事していることが多い。どちらの場合にしても、ガイドラインの寛容さは園長に権限を与え、それによって安定しており、政治家や保護者からの学問重視のカリキュラム導入の要請にも抵抗が可能である。

では、小学校に向けた詳細なガイドラインがありながら、なぜ幼稚園・保育所にはないのかという疑問が持ち上がる。その理由として、日本社会の多くの分野で見られはするが、「見守る」という文化的実践は歴史的にも現在も、子どもたちの社会化と感情の発達が使命だと考えている幼稚園・保育所に特に適しているからだと説明できる。日本の幼稚園・保育所の主な目標は、日本の子どもたちを日本の社会の一員にすることである（Tobin, Hsueh, & Karasawa, 2009）。この目標は「自然に」達成されるのが最良だと見られている。「自然に」とは、子どもたちが、現代日本において欠けている社会の複雑性を経験できる世界を提供することを意味する。

2006年の論文で、小田豊と森眞理（Oda Yutaka & Mori Mari）は日本の幼児教育政策者が、「学習指導要領」ではなく、「教育要領」という言葉を選択したことの重要性を強調している。多くの幼児教育実践者と政策立案者は、いかにも学校らしい「学習指導」という言葉を却下した。彼らは「教育」という言葉を選んだ。ある京都の園長は、「教育という文字の中の『教』は教育に言及している。だけど、大事なのは、教育には『育』という言葉が入っていることを

覚えておくこと。育は『育てる』を意味する」と説明した。幼稚園に対して「学習指導要領」ではなく「教育要領」という言葉を遣う文部科学省の決断は、幼児教育の重要な目標は、狭く定義された教育ではなく、社会性と感情の発達も含んだ教育であることを示している。日本の幼稚園・保育所は、子どもたちが幸せに、社会にうまく適応し、日本の社会の一員になる場所として見られているのではないか。日本の小学校と中学校に対して発行されている教育に対するガイドラインや、諸外国の幼児教育から中学校教育へのガイドラインは、どのように算数や読み書き目標を達成させるかが考慮され、文化化や社会性と感情の発達、自己の発達のような「ソフト面」はあまり考慮されていない。

　保育現場での一連の観察から発見した実践と同様に、幼児教育政策においても「見守る」が機能していることを発見した。この発見に対する文化的説明として考えられることは、幼児教育と子ども時代に対する一貫する価値観だ。日本の幼児教育は「子どもらしい」ことに大きな価値を置いている（Hoffman, 1995）。それは、自由に遊び、自然を探索し、多くの感情を経験するということだ。ダイアナ・ホフマン（Diane Hoffman, 2000）はこう書いている：

　　日本の教育で子どもの発達を語るときは注意しなければならない。なぜならば、そこで強調されていることは、なるべく早く大人モードを得ることや大人として機能するために子どもらしい特性を捨てることではなく、子どもの子どもらしい特性を維持することだからだ（p.195）。

　幼稚園という言葉には「園」が含まれている。「子どもの園」という言葉は、「キンダーガーテン」というドイツ語と同じように、自由で自然の場所という概念を連想させる。幼稚園は自然で、自由に子どもたちが探索できるようにするべきであり、幼稚園を管理・指導している省庁も、園長と教師たちに類似の自由を与えているとも考えられるのではないか。

ろう学校の例

　日本の幼稚園・保育所で一貫して見られる教師によるあまり介入しないアプローチや、省庁から与えられる最小限の政策方針の研究結果を持って、ろう学校の研究を始めたとき、逆のパターンを見つけて驚いた。そこには、教室内での教師からの多くの介入や省庁からのカリキュラムと教授法の特定の方針があった。本章では、日本人幼児教育者・園長・政策者は、無理やり介入する理由がない限り、または、無理やり介入する理由が現れるまで、あまり介入しないアプローチに従うことを議論する。さらに、日本の公立ろう学校は、教師・園長・政策者が無理にでも介入する必要があると考える場所であることを示唆する。公立ろう学校において、なぜ多くの介入が必要だと考えられているかを理解することは、聴者の幼稚園・保育所であまり介入しないアプローチがどのように、そして、なぜ機能しているかを鮮明にする。日本の公立ろう学校の「より介入するアプローチ」と、聴者の幼稚園・保育所と日本手話で教育が行われている私立明晴学園の「あまり介入しないアプローチ」とを対比することにより、また、私立明晴学園を分析に含むことで、日本のろう教育でも「あまり介入しないアプローチ」が可能であることを示す。

　明晴学園とは違い、日本の他の86校[2]の公立ろう学校では、キュードスピーチ・指文字・リップリーディング・日本手話を合わせた「トータルコミュニケーション」を推奨している。明晴学園では、3歳児から5歳児の幼稚部クラスの12人の子どもたちと3人の先生たち（内2名はろう者）は、全て日本手話でコミュニケーションをとっている。反対に、公立ろう学校幼稚部では、ろう者の教師はごく稀で、日本手話の流暢な者もごく少数である。手話が流暢な子どもはごくわずかである。彼らの多くは学校ではなく、家庭で手話を学んだ、手話母語者と言われる、両親が手話を使うろう者の子どもである。

　明晴学園では、小松谷保育園や他の聴者の幼稚園・保育所と同じように、感情の発達・子どもらしさ・教師が子どものケンカにあまり介入しないことの価

2　特別支援教育資料（平成26年度）参照

値を重要視している。本章では、このように教育背景の違う明晴学園の先生たちの間でも「あまり介入しないアプローチ」を発見したことは、暗黙に広く共有された専門的実践の影響を示していると議論する。「見守る」は、日本の幼稚園・保育所での実践の1つで、それは文部科学省・厚生労働省から強制されているものでもなく、教員養成において組織だって教えられているものでもなく、教科書に見られるものでもない、という意味で暗黙である。そのかわりに、それらは、仕事場で学ばれ、継承され、その国の教えることの文化を反映し、学校が位置する文化と社会の中に埋め込まれたものである。そこで説明が必要とされるのは、なぜ明晴学園の池田先生や他の先生たちが聴者の幼稚園・保育所の先生たちと似たような教授アプローチをとっているのかではなく、なぜ公立ろう学校の先生たちが同様の教授アプローチをとっていないのかである。

公立ろう学校幼稚部でのインタビュー

　私立明晴学園幼稚部のクラスで撮影し、制作した字幕付きの明晴学園のビデオを奈良・横須賀・千葉・札幌の4都市の公立ろう学校の教師たちに見せた。参加者は初めはコメントするのを躊躇した。他のろう学校について批判的なことを言うことへのためらいと、明晴学園のアプローチがあまりにも自分たちと違い過ぎて、何と言っていいのかわからなかったからだろうと推測する。公立ろう学校のある校長がインタビューの初めに、「私たちのアプローチと全く違います。彼らは日本手話のみを使っていて、私たちはトータルコミュニケーションを使っています」と言った。

　綱引きの場面について尋ねると、もっとも多かった反応は、もし明晴学園の子どもたちのように手話という共通言語を持つ子どもたちを教えていたら、あのようなアプローチをとるだろう、というものだった。例えば、札幌ろう学校の教師の意見は、「もし私があそこにいたら、私も池田先生と同じことをしたと思います」というものだった。横須賀ろう学校の教師は「私は、この先生は子どもたちが、先生なしに子どもたち同士でコミュニケーションがとれるから

待てたのだと思います。私たちは口話[3]の子どもたちと手話を使う子どもたちがいるので、多くの場合、子どもたちの関わりに介入せざるを得ません。私たちも子どもたちに介入したくはないんです。だけど、ここでは難しい」と語った。奈良ろう学校の管理者は、綱引きの場面での池田先生の介入しないアプローチはよいが、彼女の学校では望ましくもなく、可能でもないアプローチだと語った：

　ここでそれはできません。各子どもが違うレベルの言語能力を持っていて、違うコミュニケーション手段を持っているから、2人の子どもの間の仲介者になる必要があるからです。教師として、まず私たちは子どもたちがお互いに理解しているかを確認する必要があります。

千葉ろう学校の教師は、綱引きの場面について、こうコメントした：

　もし私があの場面にいたら、子どもたちを信頼したい。彼ら自身で問題を解決させるのは大事なことです。だけど、手話は見続けなくてはいけない言語です。ある子どもたちが手話をしているとき、他の子どもたちは彼らの会話を共有できるのだろうかと疑問です。それに、他の子どもたちを待たせておくのですか。

　公立ろう学校におけるこれらのコメントは、池田先生と聴者の幼稚園・保育所の幼児教育者たちと、あまり介入しないことへの価値の信念を共有している。しかし、その信念を学校で実践に移すことへの壁に直面していることを示している。彼らの子どもたちは、共通言語がなく、言語の流暢性にも欠けているからだ。公立ろう学校で使っているトータルコミュニケーションアプローチは、教師たちが子どもたちとコミュニケーションをとるときに複数の媒体を使うだけでなく、子どもたちの間に、1つの言語での関わりや共通語がないことを意

3　口話とは、口の形、舌の位置、喉や鼻の振動から音声言語の読み取りと発話を習得させるものである（矢野, 2012）。

味している。公立ろう学校でのフォーカスグループインタビューにいた先生たちは、複数言語を用いる環境では、子ども同士の関わりを仲裁する必要があると感じていることを説明した。多くの先生たちが、介入の多くは、話すこと・手話・身振り手振りの子どもたちの間の通訳をするということになると語った。それにより、子どもたちに仲間と関わることを促し、ろう児たちがケンカや他の社会的関わりに自身で対処することができるようになることを目標としている。

　彼らの子どもたちに共通言語が欠けているという理由に加えて、公立ろう学校の先生たちが子どもたちの社会的関わりに介入する別の理由は、子どもたちが関わりにおいて先生に助けてもらうことを必要としているからだというものである。ここで暗に示唆されていることは、ろう児たちは言語発達の遅れを経験しているため、多くが認知や社会性・感情の発達が遅れており、その遅れが教師たちに、聴者の子どもたちの場合よりも多くの介入を求めるということだろう。例えば、ろう教育の専門家は、ろう児たちの独特な発達において、教授法を必要なものへ適応させる必要があることを強調した：

　　ろう児たちにとって大切なことは、推測をする能力です。例えば、人は悲しいときだけ泣くのではなく、嬉しいときも泣く。先生は絵のついたカードを使ったり、ノートに文字を書いたりして、子どもたち自身が何が起きているかを理解するのを助けることも必要です。ろう児の先生たちは、子どもたちの注目を得るための様々な技術、そして、1つの簡単な単語を教えるための様々な技術を持つことが必要なのです。先生たちは「身体」と「耳」とを、特に小さい子どもたちには使う必要があります。

　ここでの「身体」と「耳」とは、明晴学園の池田先生は手話のみでの対応であって、ろう児たちにコミュニケーション方法の全てを使うことを促す機会を逃したことを示唆しているのかもしれない。

　ろう児たちの複数言語発達と表現方法を助ける必要があるという主張の背景には、ろう児たちは、ろう社会よりも広い日本社会での生活への準備のために、口話コミュニケーションを習得する必要があるという信念がある：

「もし手話しかしなかったら、祖父母やご近所とコミュニケーションをとることができない」

「もし話せなかったら、会社での仕事に就くことができない」

「手話は他の日本手話を知っているろう者とのコミュニケーションにはよいけど、手話を知らない人々がいる広い世界の中で生きていくには役に立たない」

ある経験を積んだろう教育者は、かなり極論を示唆するまでに至った：

　倫理的に、保護者や教師が小さい子どもたちに手話しか教えないという決断をするのは間違っていると思います。この判断が話すことを学ぶ権利を子どもたちから奪っているから。

別のろう教育者はコメントした：

　彼ら（明晴学園の生徒たち）が高校や大学に行くとき、これらの子どもたちは限られた選択肢しかない。アメリカのギャローデット大学[4]に行くことはできるだろう。でも、戻ってきたとき、たとえ能力があったとしても、先生になることはできない。明晴学園の先生にはなれるだろうけど。

公立ろう学校でのいくつかのフォーカスグループディスカッションで、先生たちは、聴者の幼稚園・保育所のように、言語と社会性・感情の発達が自然に生まれてくるのを待つ余裕などないと示唆している。ろう児たちの音声言語獲得は自然ではないからだ。このことは、緊急の介入を促し、ろう児たちをなる

4　アメリカ合衆国ワシントンD.C.にある聴覚障害者のための文系総合大学で、アメリカ手話と英語の二言語で教育を行っている大学

べく早く、理想としては小学校の普通クラスに入れるよう、聴者の仲間に追いつくのを助けることにつながる。公立ろう学校の教育者たちの切迫感は、教師たちに社会性や感情の発達よりも言語習得を優先させ、または、音声言語発達を社会性や感情の発達の前提として捉えるよう導く。

　明晴学園の教育者たちは、ろう児が話す能力や話を理解する能力を身につけるのを助けるのではなく、教育を日本手話中心にすることで、ろう児が聴者に追いつくべきだという議論から遠ざかっている。明晴学園のろう児にとっては、手話が自然習得できる言語である。それは、訓練するのではなく、言語豊かな状況に子どもを置くことで学ぶことができる、聴者日本人にとっての日本語のようなものである（Stokoe, 1980）。明晴学園では、聴者幼稚園・保育所で子どもたちが話せるようにならないかもしれないとは心配しないのと同様に、子どもたちが手話を話せるようにならないかもしれないという心配はしない。逆に、ろう児たちが声で話すことを学ぶのは全く自然なことではない。それは技術介入が常に求められる困難な課題である（Valente, 2010）。

　この介入の必要性から、公立ろう学校の教師たちは、忙しそうに見え、子どもたちに注意深く接しているように見える。ディスカッションに参加した公立ろう学校の教育者たちは、忙しさが増す（介入の頻度が増える）とそれだけ指導の質が高いとみなす傾向があった（Sharp & Green, 1975）。これは、公立ろう学校の教育者が、池田先生は教えるべきときを逃したと考える理由であろう。池田先生が静かに、介入することを自制する一方、フラッシュカードを常に掲げ、視覚に訴え、ピクチャーカードを使い、指文字、口で言葉を言い、それを繰り返し、小走りにクラス内を動き回り、子どもと子どものやりとりを仲介する公立ろう学校の教師たちの忙しさ、という極端な対比を観察することができる。

　公立ろう学校の教育者たちは、ろう児の教育目標について、明晴学園や聴者の幼稚園・保育所とは異なる中心的仮説から出発しているのではないかと考えられる。その異なる仮説が、教師たちを「見守る」や、他の暗黙の教授的実践から遠ざけ、そのかわりに、特別支援教育や文部科学省のろう教育へのアプローチ、あるいは日本文化の信念（全ての子どもたちは一般的日本社会に参加するべきである、など）を反映した実践へと導くことになる。

　公立ろう学校の教師たちは、自身でこのような視点に至ったわけではない。彼らは私立と公立の聴者の幼稚園・保育所よりも、就労後の研修や文部科学省の専門家によって、より明確な方向性を指導されている。公立ろう学校の教員の約50％が、就労後にろう教育の研修課程を終え、免許を取得している。これに比べ、聴者の幼稚園・保育所の先生たちが、就労後にこのような教員研修課程を終えるのは稀である。これは人数の問題でもあるだろう。86校の公立ろう学校に対して、5000校以上の聴者公立幼稚園がある。ろう学校には専門家がより頻繁に訪れ、職員はより多くの教員研修に参加する機会がある。

　公立ろう学校で働いている教師と管理職は、より直接的研修とガイダンスを受けている。それは、人数が少ないという理由だけではなく、教師たち自身と研修を提供している専門家の両者が、聴者児童を暗黙のうちに勇気づけている直観的な「あまり介入しないアプローチ」はろう児には適していないと考えているからだろう。彼らはろう児には、教員養成課程と就労後の研修で、組織立って教えられ学ばれるべき多くの介入、直観的なものではない特殊なアプローチが必要だと信じている。それゆえ、聴者の幼稚園・保育所での実践である直観的理論から遠ざかり、特別支援が必要な子どもたちという分類にろう児を置き、教授的戦略として特別支援教育の理論を使う。

　ここでは、公立ろう学校で働く教師たちのアプローチと信念が一致していることを示唆しているのではない。こうした教師たちが、2つの方向に引っ張られていることを示唆しているのだ。1つは、直観的文化的理論が好む「あまり介入しない方向」、もう1つは、特別支援教育の専門的理論が好む「多くの介入の方向」である。ある教育者は、あまり介入しない側にいて、介入の多くが会話の通訳と助けという形をとり、子ども同士の関わりに必要最小限の介入をすることを示唆する。逆に、多くの介入をする側にいる教育者は、子どもたちの仲間同士の関わりに頻繁に介入し、その介入が出来事の流れを中断するとしても、明瞭に言葉を発音するよう促す。そして、その中間にいるろう教育者は、介入を子どもたちが問題を自身で扱えるようになる1つの段階と見なし、認知と社会性や感情の発達を支援すると同時に、言語発達を支援する混合の実践を作り出す。これらの様々な視点とアプローチは、本研究で訪ねた公立ろう学校での観察で、目に見える形となって現れていた。ある学校では、子どもたちが

先生による多少の介入と共に1日のほとんどを仲間との関わりの中で過ごしていた。他の学校では、音声言語発達が強調され、子どもたちは大人と子どもの一対一の関わりの中で1日のほとんどを過ごしていた。

強い調和と弱い調和

　本研究では、明晴学園のアプローチが、聴者幼稚園・保育所で発見された「見守る」を含めた暗黙の日本的教授法と一致することを示唆する。逆に、公立ろう学校幼稚部では、言われたことの内容よりも言葉の発音を学ぶこと、社会性の発達よりも言語習得、子ども同士の関わりよりも大人と子どもの関わりが優先される。その優先順位により、公立ろう学校では、彼らの教授アプローチと、幼児教育における暗黙の日本的教授法との間に緊張感が生まれることを示唆する。

　学校には、明確な教育政策とガイドラインに導かれた教室での実践・教育者の暗黙の文化的信念と実践・一般的な意味での文化的価値と社会での議論、という3つの要因との一致と不一致があると議論できる。

　明晴学園幼稚部のプログラムは、日本の暗黙的教授実践、幼児教育（ろう教育ではなく）のガイドライン、および、広い意味での日本の文化的信念と実践と強い調和をなす。逆に公立ろう学校では、特別な教授アプローチと、「通常」の幼児教育の幼稚園・保育所へのガイドライン、および、日本の暗黙的教授信念と実践との間に不釣り合いが生じている。

　その結果、矛盾が生まれる。明晴学園では、そこにいる皆が日本手話のみを使うという事実にもかかわらず、とても日本的な感じがし、逆にトータルコミュニケーションを行う公立ろう学校幼稚部においては、典型的な日本人らしさをあまり感じない。話すことと聞くことを強調し、中心的目標として、ろう児を広い日本社会に統合することを掲げている公立ろう学校は、その目標から離れているように見える日本手話の学校である明晴学園と比べて、子どもたちを文化的・社会的に聴者幼稚園・保育所の子どものようにすることの助けとなっていないのかもしれない。明晴学園では、子どもたちは社会的にも感情的にも文化的にも聴者幼稚園・保育所の子どもたちと同じように発達し、先生たちは

聴者幼稚園・保育所で行われているように、「見守る」教授法に従って教えている。

公立ろう学校は政策レベルでも矛盾と戦っている。日本のろう教育は、特別支援教育の枠組みの1つとして定義され、文部科学省の特別支援教育の部門の一部である。通常の学校では支援が難しいろう児と同様、他の支援が必要な子どもたちにどのようにサービスを組み立てていくかという問題に取り組むにあたって、文部科学省は相反する価値観の間に立たされている。特別支援教育では、違いを認識し、指導的アプローチを区別し、個人に注目することが求められる。しかし、それは、包括性・同質性・平等性が強調される国においてぎこちないことである（Maret, 2008）。逆に、明晴学園は文化的教授アプローチを使い、特別支援教育・診断・介入の議論を回避している。

しかし、明晴学園のアプローチも、心地よい解決策とも言えない。というのも、日本の国が持つ他の価値・議論・習慣と一致しないのである。アメリカでは、ろう文化アイデンティティと手話言語を強調している学校は、混合アイデンティティと複数文化主義という広い文化的議論に支援されている。それは、ギャローデット大学のようなろう大学を可能にするだけでなく、歴史的にもアフリカ系アメリカ人のための大学やネイティブアメリカンのための大学の存在を可能にしている。対照的に、明晴学園においての日本手話とろう文化アイデンティティの強調は、アイデンティティ政策が不得意で複数文化教育が盛んでない国では、分裂的で不和を生じさせるものとして見られる（Nakamura, 2006）。

本章では、日本の幼児教育の色々なレベルで、暗黙の文化的信念と実践が存在していることを見てきた。幼稚園・保育所の教育者が子どもたちのケンカへの介入を躊躇すること、園長が教師たちに自由を与えること、文部科学省が幼稚園に対して指示的でないこと、これら全てを、同じ暗黙的文化理論の例として見ることができる。園長、教師、子どもたちは、自身で解決策を見つけることを促されるべきだという信念である。教師や助言者、政策立案者が、指示的な管理手法よりも、距離を取って「見守る」手法を使うとき、子どもたちや働き手は、より責任を持ち、より主体性を発揮できるのである。

政府からのガイドラインに現れるわけでも、養成校で教わるわけでもないと

いう意味での「暗黙の」文化的教授法は、教育実践の重要な部分で機能している。しかし、それらの暗黙の実践は、公立校のろう教育のように、教師たちがこのような暗黙の教授法に自信を持てない状況に直面していると感じたとき、他に取って代わられるほど脆弱である。かわりに彼らは、特別支援教育分野やスピーチセラピー分野から持ち込んだような、より明確で特殊なアプローチへと移行するのである。

第7章

文化の再構築

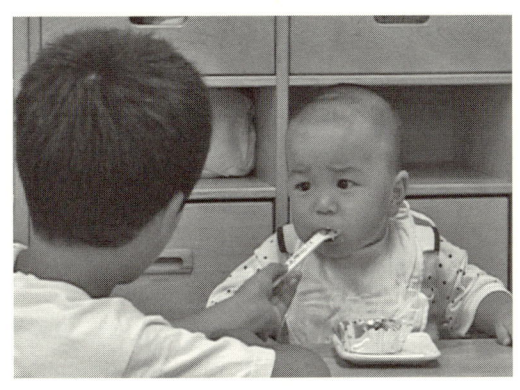

画像 7.1. ケンとマサキ

スプーンでプリンを食べさせる

　小松谷保育園での昼食後、5歳児クラスの5人の子どもたちがエプロンをかけて、下の階に行き、乳児の世話をしています。ケンは、低い机で11か月のマサキの隣に座り、おやつのプリンを食べさせています［画像7.1.］。ケンがマサキの口にスプーンを入れすぎると、マサキは頭を引いて静かに抵抗し、しかめ面をしながら、後ろに座っていたカワイ先生の方を向きました。

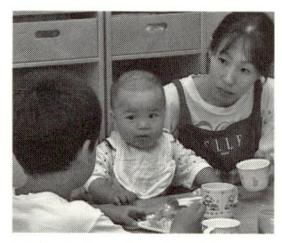

画像 7.2a. マサキが頭を引く　　画像 7.2b. 先生を見る　　画像 7.2c. 食べさせ続ける

　先生は心配そうなマサキに頷いて、ケンはスプーンで食べさせ続けます［画像 7.2a., b., c.］。

　この 30 秒に本研究で議論してきた全てのトピックを見出すことができる。この関わりの複雑さを示すために、一秒一秒ごとの 5 歳の男の子と 11 か月の男の子と先生の関わりを極めて詳細に考察する必要があり、それと同時に、この場面の背後に広がる状況を考慮する必要がある。

　特に、この場面の文化的側面を理解するためには、1 つのしかめ面や笑顔、あるいは身振りによって、何が伝えられたかに、細かく注意しなくてはならない。この場面のマイクロ分析は、ケンがどのくらい奥まで、どの程度強くスプーンをマサキの口に入れるかを模索していることを示している。スプーンを奥に入れすぎたとき、マサキは頭を引いてしかめ面をしたが、その動きと顔の表情はとても微妙なもので、ケンにスプーンを入れる力をちょっと緩くする必要があると伝えるのに程よい加減で、ケンが行動を止めるほど強くはなかった。スプーンに乗せられたプリンが口に移された後、マサキが、噛みながら顔を先生の方へ向けると、先生はちょっと頷いて笑った。ここでは、先生のその身振りは、マサキに全て大丈夫だよと安心させ、ケンにそんなに強くスプーンを入れないように気付かせる両方の意味を持つものとして解釈できる。

　この場面を理解するために、カワイ先生が何をしたかだけではなく、何をしなかったかにも注目する必要がある。例えば、もしケンがスプーンを強く入れすぎたとき、カワイ先生がケンに「気をつけて」と言葉で介入したら、5 歳の男の子と 11 か月の男の子は 2 人とも自信を失い、その行動を止めてしまうな

ど、その関わりは違う方向に向かったかもしれない。この場面についてコメントした多くの日本人幼児教育者は、ここでは硬く大きいスプーンが使われているが、軟らかく小さくてしなやかなものがよいだろうということ以外は、この交流に好感を持った。このような場合、目には見えない要因が、どのように参加者の行動に影響を与えているかを考慮に入れる必要がある。ある日本人幼児教育者は、このような異年齢間の交流は、出生率が低く、多くの子どもたちに兄弟・姉妹がなく、家で思いやりを発達させる機会に欠ける現代日本において特に価値があると示唆した。また、ある幼稚園の園長は、このように5歳児が赤ちゃんの世話をする機会は、小松谷保育園のような保育所では可能だが、3歳以下の子どもがいない幼稚園では不可能だと、うらやましそうにコメントした。この場面を見たアメリカ人幼稚園教諭たちは、5歳児は繊細な赤ちゃんを世話するには幼いのではないかと心配し、マサキの両親が1日のある時間帯、5歳児が赤ちゃんの世話をしていることを知っているのかと疑問を投げかけた。この心配を小松谷保育園の先生たちに伝えると、保護者は異年齢間交流が園生活の特徴であることを知っているし、家族的な環境に賛同し、先生と年上の子どもたちは、彼らの赤ちゃんの安全を守ると信じていると述べた。

　本書では、ここまで各章で異なるトピックを扱ってきた。感情・ケンカ・周りの子の参加・変わり続ける状況に対する姿勢の調整・教えることの専門性・幼児教育政策である。このような構成で失うものは、各章で取り上げたトピックの関わり合いを描けないことだ。子どもたちは感情を月曜日に、身体をどう使うかを火曜日に学ぶわけではない。教師が10時に読み書きについて、11時に社会性の技術を教えるわけではない。それら全てが同時に起こる。最終章の目的は、本章に至るまで別々に取り上げてきたトピック全てを合わせて出来事の分析をすることで、日本の園生活の豊かさに貢献する要因を並べ直すことである。例えば、ケンがマサキにプリンを食べさせている場面を、共感・「見守る」・「けじめ」・「ギャラリー」（この場合、先生と周りにいた他の赤ちゃん）・幼児教育政策・危険に関する社会的概念や兄弟・姉妹のいない子どもたちが異年齢間の遊びを経験する必要があるという社会的概念を合わせたものとして見ることができる。

文化を考える

本書の中心的な考察対象は、日本の幼稚園・保育所のクラス内での生活への文化的側面の寄与である。これまでの章の目標は、幼稚園・保育所の教授法における暗黙の文化的側面を、判別し、記述し、分析することだった。ここでの議論は、文化が、幼稚園・保育所のクラスで起きていること全てを説明するということではなく、文化が、何かを説明できるということだ。別の言い方をすると、クラス内での実践を生み出す色々な要因の中で、「文化」を考慮する必要があるということである。

この最終章では、文化と他の要因の関係を考える。しかし、この言い方は厳密には正しくはない。なぜならば、このような言い方はある要因は文化的で、他のものは文化的でないと暗に示唆するからだ。私たちはそのような対比的分類を超えて、相互に浸透し、相互に作用している社会と文化を見る必要がある。官僚的・政治的・経済的・人口的な要因などの社会的な側面が、文化的教授法にどのようにのしかかるのか、文化的教授法がどのように文化的のみではないのかを考える必要がある。

本章で、*Reassembling the Social*（2005）で示されているブルーノ・ラトゥール（Bruno Latour）のアクターネットワーク理論の側面を使う。しかし、ラトゥールリアン分析の提示を目的としているわけではない。本章の枠組みをラトゥールリアンと呼ぶことを躊躇する理由の１つ目は、ラトゥールが指摘しているように、アクターネットワーク理論は、その名称によって誤解されることが多いが、理論ではなく方法だからだ。それは、原因を事前に理論化するというよりは、厚い記述を重視したエスノグラフィとエスノ方法論に近い。この理由により、本章でのアプローチは、エスノグラフィにラトゥール、ブルデュー、あるいは他の社会学者たちの考えを用い、記述することである。

ラトゥールリアン分析であると提示することを躊躇する理由の２つ目は、ラトゥール自身は、方法としての文化人類学を賞賛しているものの、文化の役割に対して沈黙を貫いているからだ。それゆえ、ここでの課題を、ラトゥールを適用するのではなく、そのかわりにラトゥールと似たプロジェクトを行うこと

にした。ラトゥールの目標が"社会を並べ替える"ことであったように、ここ
での課題は"文化を並べ替える"ことである。"並べ替える"ためには、登場
人物（ラトゥールはこれを「アクター」と呼んでいる）と要因（ラトゥールはこれ
を「アクタント」と呼んでいる）がどう繋がっているかを示唆する前に、登場人
物と要因を分けることが必要とされる。

　ラトゥールは「平らにすること」（flattening）と呼んでいる。彼が意味して
いることは、社会生活を営むために関わる要因は階層的ではないということだ。
ある要因が他の要因より、より強いといった推測的な特権を避けるための名称
である。場合によっては、教育関係省庁からの指示は、教師の直観や身体習慣
や子どもたちの感情よりも、クラスの実践に影響を与える。しかし、政策、暗
黙の教授的実践、または、子どものムードが、クラス内でのある特定の瞬間に
どう影響するかどうかは、注意深い実証的注目なしには知ることができない。
要因の相対的強さの順位付けよりも役立つのは、要因がどのように関わり合う
のかへの注目である。

くまのぬいぐるみを巡るケンカについて再び考える

　最終章では、これまでの章の内容を統合して1つの主題の提案を試みる。ラ
トゥール（2005）が「記述から説明に移行することをしないように。単に記述
を続けること」（p.70）と書いているように、小松谷保育園でのくまのぬいぐ
るみを巡るケンカに戻り、記述を行う。今回は、このケンカを「見守る」の例
として示すのではなく、各章で述べてきた全てのトピックが1つの出来事の中
に存在することを示す。すなわち、気持ち・「見守る」・「けじめ」・身体文化・
「ギャラリー」・政策である。以下に続く分析の中で、教育者たちの意図と暗黙
の文化的教授法実践への注目と同時に、構造・習慣・建築・部屋にある全て
のものにも注目を向ける。偶然と発生の概念を使い、バタフライ効果のように、
1つの小さい要因が出来事を新しい方向へと向かわせることもあると議論する。

「見守る」

　第1章で、小松谷保育園のくまのぬいぐるみを巡るケンカを、森田先生と他の日本人幼児教育者が、どのように日本の教授的概念である「見守る」を用いているかの例として描写した。「見守る」を暗黙の文化的実践と呼ぶ。それは、ビデオ撮影しインタビューした3人の先生が、子どもたちのケンカに距離を置くという説明で用いる戦略であること、ビデオを見た多くの日本人幼児教育者たちも、クラスで起きたケンカに対する先生のアプローチの一要因として言及したこと、全ての先生たちが「見守る」を用いるとは言わなかったものの、馴染みのある理論だと語ったからである。また、本研究では「見守る」を暗黙と呼ぶ。それは、文部科学省の幼稚園教育要領の中で具体的に言及されておらず、教科書に含まれておらず、教員養成課程・研修などでも明確に述べられていないからだ。

　くまのぬいぐるみを巡るケンカのビデオ場面に、昼食の準備に忙しい森田先生の姿はあまり映っていない。画面の中を歩いている森田先生が、部屋の向こうから「こら、こら」と言っているのが映っている。女の子たちの間で起きた張り詰めた3分間の取っ組み合いの最中、森田先生の存在の薄さはあまり介入しないことの証拠である。あまり介入しないことの証拠が、「見守る」の例である。森田先生は事後の説明で、「見守る」という教授的実践を引用して、介入しなかったことを記述した。ブロック（1991）が思い出させるように、そのような事後の言語による説明は、その瞬間、彼女が介入することを躊躇したこと、森田先生が意識的に「見守る」を考えていたことを必ずしも意味するものではない。それでも、森田先生の「見守る」の引用は、この概念が実践と関連していることの証拠であり、または、ラトゥールの言葉によると、「見守る」は痕跡を残した要因（「アクタント」）である実証である。さらに、他の日本の幼稚園・保育所の多くが、彼らの実践の説明に「見守る」という概念を使うという事実は、この暗黙の文化的教授法概念の力強い証拠である。

　この説明における問題点は、間違いではないが、完全ではないことだ。この説明は、関わり合う他の要因から文化的実践を切り離してしまう。第1章で日

本の幼児教育の中での「見守る」の中心性を指摘したことで、「見守る」が一方的な、または、決定的な要因となる力を持つと述べるつもりはない。かわりに、「見守る」を、日本人幼児教育者が介入することから距離を置くことで、くまのぬいぐるみを巡るケンカや他の出来事の結果に影響する要因の１つだと見る。では、他の要因とは何だろうか。そして、それらの要因の関わりはどのようなものだろうか。

身体技法

　心身の二元性を提案することの危険を認識すると同時に、教師たちの身体そのものが、動作主としてどのように機能するかを考えることは役立つと示唆する。多くの場合、教師や他の分野の実践者は、身体を自分であり自分でない、または、自分の意識ではない、自分の他の部分である、という経験があると述べる。ラトゥール（2005）は、有名なソプラノ歌手が「私の声が、私にいつ止めて、いつ始めるかを語る」と述べたことを例として、熟練実践者によるそのようなコメントを社会学者がどのように扱うか疑問を投げかける：

　　ソプラノ歌手は、自分の声を、ある特定の物事をさせる、人生を共有するものとして語った。私たちはこのような奇妙な言い方を大事にできるだろうか。それは、とても正確な、とても意義深い、とても手応えのある、とても感動させられる説明である。それが感動させられたものではなく、研究協力者によって厳密になされた説明だとしたら、私たちはその問いによって何を意味するべきなのだろうか（p.48）。

　森田先生や他の日本人幼児教育者たちによる発言は、「見守る」を含めた多くの実践は、あらかじめ意図的に考えることなく行われていると示唆している。私たちはそのように語られたものをどう捉え解釈したらよいのだろうか。第１章で議論したように、教師は「見守る」を身をもって行う。ある程度注目することで、子どもたちはケンカが行き過ぎないことを知り、ある程度注目しないことで、子どもたちは教師が介入するとは思わず、自身でケンカを解決する責

画像 7.3a., b. ミカとサトシが言い争っている間、池田先生は背を向けた。チカが主張を伝えるのを見届ける池田先生

任を負う。このように巧妙に注目の程度を変える動作は、モース（1934/1973）が身体技法、ブルデュー（2000）は身体ハビトゥス、ポランニー（1966）は暗黙知、ブロック（1991）は非言語的記号知識と呼ぶものであり、日本人幼児教育者たちが明確に教えられることなく、経験を積むことで向上させる専門性である。

綱引きの場面で、池田先生が見せた注目の程度を示す動作のマイクロ分析は、「見守る」の身体的動作をビデオで捉えた例である［画像 7.3a., b.］。池田先生に、その場面の間の行動を振り返るように頼むと、介入しない論理に言及したが、同時に、その概念はケンカの間に意識的に頭にあったものではなく、重要な場面で目を背けたのも、意識してというよりは、むしろ「自然に」したことだと述べた。詳しくインタビューした３人の先生たち全てが「自然に」「考えずに」という言葉を使った。それは、ソプラノ歌手たちが声をあげて歌うことについて話すのと同じであった。

専門性

心と身体とを異なる行動原因に帰することが、経験を積んだ教師たちと園長のコメントの中に暗に語られている。初心者と熟練教師の鍵となる違いは、彼らが持っている教授的信念ではなく、それらの信念を実践にうまく移行する

能力だと述べた。インタビューした教育歴の浅い日本の幼児教育者は、「見守る」を教授的実践として価値あるものだと信じていると語った。ただ、どのように「見守る」を、意図的に、最大限の効果を得られるよう行うのかわからないのである。他の言葉で言うと、時として心と身体が、同じレベルに達していない。くまのぬいぐるみを巡るケンカをビデオに収めてから、森田先生に10年後に行った追跡インタビューで、彼女は自身がどう変わったかを語った。昔の自身を、「子どもたちとの関わりが、ぎこちない、急いでいる、指示的すぎる」と語った。このコメントは、2002年に撮影されたビデオは、森田先生の保育士としてのキャリアと発達の中の、ある特定のときのある特定の日であることを、私たちに想起させる。本書全体を通して、日本人幼児教育者の暗黙の文化的実践に言及してきた。しかし、これらの実践が固定されたものと考えることは避けなくてはならない。ブルデュー（2000）は「習慣（ハビトゥス）は常に新しい経験によって変わる。気質は永遠の改訂にさらされる」（p.161）と書いている。「見守る」をはじめとした教授的実践は、日本人幼児教育者にとって、自然であり習慣的だと感じるが、それらが不変であるわけではない。

以前の関わり

　森田先生にくまのぬいぐるみを巡るケンカについて聞いたとき、「あれは、最近、あの女の子たちによくある姿」と語った。小松谷保育園のビデオの1日の早い時間帯の一コマは、同じ女の子たちの間でのくまのぬいぐるみを巡るいざこざを捉えていた［画像7.4.］。このコメントは、習慣化したケンカが、森田先生に介入しないように知らせたことを示唆している。もし、女の子たちが以前にくまのぬいぐるみを巡るケン

画像 7.4. 以前のくまのぬいぐるみを巡るいざこざ

カをしたことがなかったら、森田先生は心配し、違う行動をとったかもしれない。もし、女の子たちが以前にこんなに多くケンカをしていなかったら、女の子たちにとってケンカは違うように感じ、違う行動をしたかもしれない。もし、クラスにいる他の子どもたちが、この女の子たちのケンカを見たことがなければ、違う反応をしたかもしれない。子どもたちは、個人的な歴史、興味、園生活のかじ取りをする身体技法を持つのみならず、集団の歴史と確立された交流様式をも持つ。このことは、それぞれの新しい関わりが全て以前のものを繰り返しているのではなく、以前の関わりが溝を築き、続く関わりの道筋を決定することなしに、誘導していることを意味する。

ナオの弟

小松谷保育園のビデオの最後の場面の中に、長い園での1日の終わりに、ナオが母親と弟に園庭で会っているのがわかる［画像7.5.］。この弟がくまのぬいぐるみを巡るケンカの登場人物だと示唆できる。それは、研究者が外部の者として、弟の誕生が、日中のナオの子どもっぽい行動を説明すると考えているからではなく、森田先生が、ナオは弟が生まれてから大変なときを過ごしていると語ったからだ。森田先生は、自身のケンカへの対応は、弟や妹が生まれたときに子どもたちはストレスを感じ、感情的に構ってほしくなるという、子どもの発達理論によって説明できると示唆している。ここで重要なのは、この理論

  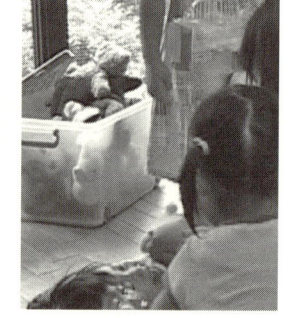

画像 7.5. ナオの弟　　　画像 7.6a., b. 箱いっぱいのくまのぬいぐるみ

が真実かどうかではなく、森田先生がケンカに対する彼女の判断と行動に影響を与えた信念として報告したことである。森田先生は、子どもがなぜ挑発的に振る舞うのか説明できない場面では、より介入するだろうと語った。ここでは、母親が赤ちゃんを産むと、子どもたちは赤ちゃん返りをするという文化的信念を通して、ナオの弟がくまのぬいぐるみを巡るケンカに影響していたと言うことができる。

箱いっぱいのくまのぬいぐるみ

ラトゥールは、人間と同時に、人間でないものの出来事への影響を考えるべきだと示唆した。女の子たちが奪い合っていたくまのぬいぐるみのみならず、場面背景にちらっと見ることができるぬいぐるみの収納箱も、影響を与えていると示唆できる。もし、クラス内に1つのくまのぬいぐるみしかなかったら、森田先生、女の子たち、私たち視聴者は、この状況を違うように評価したかもしれない。ものが欠如していると見るか、ものが溢れていると見るかで、その価値と行動を促す力が変わってくる。他の幼稚園の先生がこの場面について、「一見すると、この女の子たちがくまのぬいぐるみを巡ってケンカをしているように見えるが、背景に他のくまたち［画像7.6a., b.］を見たとき、これはケンカというよりはじゃれ合いで、社会的な交流であると認識できます」と語った。森田先生はこの解釈を支持し、「ナオはぬいぐるみに興味があったのではなく、ちょっとだけ年上の女の子たちのグループと社会的な交流を持つことに興味があった」と語った。

言い争いの中で、ヨウコがナオに「そのくまはあなたのじゃないよ、ナオちゃん。それは、セイコのだよ」と言った。この女の子たちのくまのぬいぐるみ遊びの複雑な意味を完全に理解できるとは言えないが、このコメントは、ケンカがぬいぐるみの

画像7.7. くまのぬいぐるみをワンピースの下に入れたセイコ、くまのぬいぐるみを抱きかかえるレイコ

順番のルールの議論というよりは、誰のくまかという議論であった可能性を示唆する。遊びの場面が続く中で、くまのぬいぐるみは赤ちゃんの配役のように見える。他の女の子たちが、くまのぬいぐるみを取ったことについてナオを注意しているとき、彼女たちは、遊びの中で、母親が自分の子以外と一緒に家に帰ろうとしているかのように、彼女の適切でない行動を責めていたのかもしれない。他の女の子たちは、ナオに、1人だけでくまのぬいぐるみを持つことはできないと言っていたり、分け合うことや順番の重要性を教えていたのではなく、ごっこ遊びの中でのくまのぬいぐるみは赤ちゃんで、ごっこ遊びの決まりを破った彼女を批判していたのかもしれない。この解釈を支持するものであるかは定かではないが、女の子たちが、くまのぬいぐるみを着衣の下に入れ妊婦の身振りをし、妊娠の要素と赤ちゃんを抱える両方を組み合わせている場面がある。画像 7.7. に、双子の一方のレイコが、くまのぬいぐるみの首を慎重に支えながら揺らし、双子のもう一方のセイコは、くまのぬいぐるみを彼女のワンピースの中に抱えているのを見ることができる。

ピアノ

箱いっぱいのくまのぬいぐるみの他にある人間以外の要因は、ケンカをしている女の子たちの後ろにあるピアノである。森田先生はケンカに目を配っていたと語った。そして、ケンカをしている女の子たちがピアノの角に近づくのを見た瞬間［画像 7.8a.］、「こら、こら」と呼び掛け、唯一の介入をした。他の言葉で言うと、子どもたちがぶつかりそうだったからではなく、ピアノの尖っ

画像 7.8a., b. ピアノに近づく子どもたちとピアノの尖った角

た角［画像7.8b.］が、彼女の配慮と呼びかけを導いたのである。

　この説明は、クラスでの生活と、園での教授法の本質である偶然性を強調する。森田先生は、「見守る」という文化的概念と身体習慣によって行動している。それらにより、部屋での自由遊びの間、子どもたちに介入せず目を配っている。くまのぬいぐるみを巡る女の子たちの身体を使ってのケンカのピークに、女の子たちが尖ったピアノの角に向かわなかったら、森田先生は「こら、こら」と呼びかけなかったかもしれない。女の子たちが尖った角にもっと近づいていたら、森田先生は「こら、こら」と呼びかけるだけではなかったかもしれない。

　森田先生のピアノの角に対する心配の程度は、尖った角と子どもたちのもろい頭部についてだけでなく、彼女の危険に対する感度とも関連する。ある文化の中では介入しないでいるには危険すぎると考えられるこの状況は、他の文化では許容されるかもしれない。

「ギャラリー」

　くまのぬいぐるみを巡るケンカの間に、何人かの他の子どもたちが、ケンカをしている女の子たちに近づいてくるのを確認することができる［画像7.9a., b., c.］。柄もののワンピースを着たマキは、ケンカの最初から近くで観察し、

画像7.9a., b., c. クラスメートのケンカや話し合いを見たり聞いたりするために近づく子どもたち

たまに介入しようとし、諦めて距離を置いて見ている。6番と書いてあるTシャツを着たトシは、あるとき、女の子たちに近づき、近くからそのやり取りを観察している。格子柄のTシャツを着たナツコは、ナオとヨウコの近くに来てケンカの解決を見届けた。私たちは誰がこの場面の中での主人公かを早々に結論づけるので、これらの周りの子たちに気づかない傾向がある。第3章で議論したように、これらの周りの子たちは、心配している観衆として、この出来事に影響を与えている参加者であるだけでなく、ケンカをしている女の子たちの行動を穏やかにする（または激しくする）影響を持つ参加者かもしれない。

建　物

　建物は、幼稚園・保育所のクラスの力学に影響を与える別の要因である。森田先生の比較的小さいサイズの部屋は、身体的な交流をしやすくし、関わりから離れることを難しくする。部屋に背の高い家具や仕切りがないことは、子ども同士、あるいは、子どもと先生との間のアイコンタクトを促す。ケンカの間、森田先生のクラスと隣のクラスを仕切る移動式のドアは開けられていた。森田先生は隣の部屋にいる野上先生が、彼女の部屋で何が起きているかを見聞きできるのを知っているので、森田先生に部屋を離れるという自由を与えたと推測できる［画像7.10.］。森田先生はのちに、「経験を積んだ野上先生が隣の部屋にいたことは、大きな安心感だった」と語った。このような意味で、野上先生は森田先生を「見守り」「見守られること」は、森田先生の子どもたちの「見守り」をしやすくしていたといえるだろう。

画像 7.10. クラスを仕切る移動式のドア

ガイドライン

　教師1人に対する子どもの数の比率の高さは、子どもたち間の人間的関わりの可能性を増やすという意味で、クラス内での社会的関係に影響を与える［画像7.11.］。アメリカのように子どもに対する教師の割合が高い幼稚園・保育所システムに比べ、1人の教師に対して20人以上の子どもの割合は、日本人幼児教育者が子どもたちの行動を詳細に見たり仲裁したりするのを難しくする。子ども対教師の割合と他の政策とは、文化的実践と複雑に関わり合う。どちらがどちらを決めているとは言えない。政策と文化的実践が相反する要因だと考えるべきではない。なぜならば、政策も文化の一部だからだ（Hayashi, 2011）。幼稚園と保育所を管轄する省庁から、幼稚園では35人以下の子どもに対して1人の教諭、保育所では30人に対して1人（4・5歳児）と定められており、これは多くの要因を反映する。それは、経済面であり、歴史面でもあり、1人の教師が受けもつ子どもの割合が高い方が子ども間でのコミュニティの感覚を発達させることを促すという、大きいクラスサイズへの価値観であり、暗黙の文化的信念の反映でもある。

　くまのぬいぐるみを巡るケンカが起きたとき、森田先生は昼食前の部屋の片付け、子どもたちの水着から洋服への着替えの手伝いで忙しかった。森田先生

画像 7.11. 22 人の子どもたちに飲み物を注ぐ森田先生

は、それらの仕事をアシスタントの助けなしに行わねばならない。それらの仕事が、子どもたちのケンカに介入しなくなるのに影響を与えていると示唆できる。

　政府のガイドラインが、直接的に教師たちの実践の原因となる、または、いつも教師たちの実践を予測するわけではないが、子どもたちと教師たちの関わりの文脈を作るのに寄与する。文部科学省と厚生労働省による幼稚園・保育所へのガイドラインは、子どもたちの社会性の発達を強調している。これは、子どもたちが自分たちで社会的関わりを経験し、自分たちで対処することを促すために、戦略として介入しないという森田先生の説明と一致する。第6章で、子どもたち間のケンカをどのように扱うか、ガイドラインに明示されていないことは、多くの諸外国の教師たちが持ち合わせていない自由を、日本人幼児教育者に与える効果があると示唆した。逆に、ろう教育へのガイドラインでは明確な指示があり、公立ろう学校では、子どもたち間での関わりに対する教師の介入が積極的になることに貢献している。ここでは、これらのガイドラインがクラス内での実践を決定していると述べているのではなく、教授法を先導していると示唆している。

間身体性

　くまのぬいぐるみを巡るケンカのように、ある出来事の複雑さを評価するためには、個人の行動だけでなく、教室内における身体の調整と相互連結にも注意を払うことが求められる。ゴッフマン（1971）とメルロー・ポンティ（1964）により語られた間身体性の概念は、日本の幼稚園・保育所のクラス内の生活は、身体の連繋と調和が求められることを思い出させる。くまのぬいぐるみを巡るケンカの間に、身体と身体の共時性（意味のある偶然の一致）の例を見ることができる［画像7.12a., b., c.］。一見すると、くまやお互いを引っ張り合う女の子たちは、混沌とした身体の接触をしていると見える。しかし、くまのぬいぐるみを巡る取っ組み合いから解決の話し合いまでの場面ごとの分析は、時と空間を通して調整された身体の同期を示している。女の子たちが、床に転がっても誰も傷つかないのは、手のつけられない乱闘からは程遠いことを

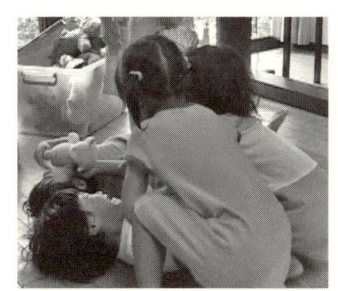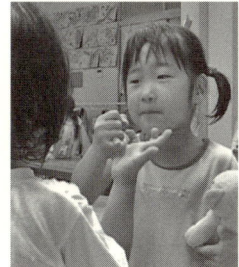

画像 7.12a., b., c. ケンカ場面での様々な調和した身体と身体の関わり

示唆している。肘や膝が誰かの顔に当たることなく、何人かが積み重なって転がることは、自分自身の身体をコントロールすることと、他者の身体に配慮することが求められる。くまのぬいぐるみを最初に掴んでから最後の指切りの約束までの5分間、直接このケンカに関わっていない周りの子どもたちは、鍵となる主人公の近くに来ては戻って行った。彼ら自身に注目を集めることなく、そのケンカを邪魔することなく、間接的に参加していた。話し合いの間、女の子たちは声高に自分たちの主張を通し、空間内で巧みに身体を動かし、部屋の家具とものをうまく用いた。ナオとケンカしている女の子たちはそれぞれ、着衣の下にくまのぬいぐるみを入れたり、セイコはケンカに登場するくまをワンピースの下に入れるだけでなく、机の下に行き、ナオが奪うのを難しくしたりした。ダンスや軍隊のマーチングで見られる身体と身体の間の同期ではなく、ゴッフマンの混雑した都市の道でお互いを巧みに避け合っている通勤者の記述のように、1日を通して彼らは集合したり離れて移動したりと、ルームメートが小さい部屋を共有するように、空間の中でのある種の身体の調整に近いことを行っている。

　小松谷保育園に入ったばかりの子は、園の1日の流れの中で求められる身体技法を習得するのに多少時間がかかる。これらの身体技法には、玄関で靴を脱いだり履いたり、園庭で色々なゲームや遊具を使ったり、朝の体操や、午後の出発時の挨拶と歌の際にグループで集まったり、トイレを使ったり、昼食の食器を準備したり片付けたりすることなどが含まれる。これらの身体技法は、先

生たちとクラスメートとの各々の動きの調整、肩と肩を触れ合って立ったり座ったりする調整、手や腕に触れたり、時として、怪我につながらない程度の身体的ケンカをも許す。そして、これらの身体技法は、活動の流れの中断を導きかねない衝突、歓迎されない接触、2人の歩行者が、歩道でどちらを行くかの交渉に失敗し、顔を合わせて動けないような破綻を避ける。何か月後には、幼稚園・保育所のクラスで、そのようなおかしさに出くわすことは稀になり、自然な身体と身体の間の流れが普通の状態になる。ビデオを撮影したとき、小松谷保育園に来て5か月だったナオは、身体と身体の間の流れにどのように合流するか、ほとんどの部分はわかっており、毎日の日常作業とどう折り合いをつけるかも知っていた。ナオと女の子たちのケンカは、身体と身体の間の関わり、または、社会性としての遊びを壊すことなく、森田先生が示唆したように、複雑で、調整された、社会的な身体と身体の間の関わりの中にクラスメートを巻き込んだ成功の例である。

　この分析は、日本の幼稚園・保育所は、現代日本において、子どもたちが規則や日本での日常生活での慣習を学ぶだけでなく、慣れ親しんだわかりやすい方法で身体を動かし、空間の中で他の人たちの動きと調和させる社会性を学ぶ重要な場所であるという議論と一致している。

偶然と発生

　あえてケンカの仲裁に入らないとするか、ケンカを仲裁せずに身体的に近づいて支援を与えるか、言葉・接触・身振り手振りで仲裁するかについての教師たちの判断は、一通りの規則や原則を反映しているのではなく、複雑な熟慮を反映している。あるいは、「判断」や「熟慮」は、ここでは間違った言葉かもしれない。なぜなら、それらの言葉は、本書が疑問を呈している意識的に考える過程が、日本人幼児教育者のどのように行動するかに、常に関係していると示唆しているからだ。「判断・熟慮」という言葉は、意識的振り返りを多少強調し過ぎで、発生や偶然の行動への語感が少な過ぎる。

　日本の幼稚園・保育所のクラスは、様々な規則的課題と、1つまたは1つ以上のケンカを同時に処理するなど、教師たちに複数の仕事を巧みに処理するこ

とを求めるという点で、スパイロと彼の同僚（2007）が「構造が不明確」と呼んでいることのよい例である。日本の幼稚園・保育所のクラスでは、教師たちは時間と注意を複雑に要求され、誰がどの程度の支援が必要か、どの状況で接近が必要か、どの状況が言葉での注意で足り、どの状況がより積極的な仲裁が必要かを常に判断し続けなければならない。または、日本人幼児教育者は、意識的な判断をする手順を経ることなく、クラス内での自らの立ち位置・目線・存在を常に調整しているといった方がより正確かもしれない。

　くまのぬいぐるみを巡るケンカでの森田先生の実践を、人物・物・日本の教育の組織的特徴・空間と時間的文脈・教授的スキーマ・身体実践、それら全ての集合からの発生として述べることができる。もしくは、もっと詳細に、女の子たち・2歳の弟・くまのぬいぐるみ・ピアノの尖った角・着替えと昼食の準備の仕事・子どもと教師の割合・「見守る」・そらされてはいても子どもたちが気づいている視線、などを考慮に入れることもできる。もし、それらの1つ、または、1つ以上の要因がそこに存在していなかったら、森田先生の実践は、違う方向に転じたかもしれない。それは、手当たり次第ということではなく、暗黙の文化的信念・実践と、身体的教授実践などの要因の相互作用の反映だろう。

文化の両面性

　本書の主たる議論は、クラス内での実践に影響を及ぼす数々の要因を考えるときに、教授的信念・実践の中で「文化」が担う役割に焦点をあてる必要があるということだ。文化的実践は、日本人幼児教育者たちに他文化の中の教育者たちにはあまりない可能性を提供する。これらの日本文化的実践は、教授的行動の選択肢として、日本人幼児教育者たちに利用可能なものである。

　日本の幼稚園・保育所に見られる日本人幼児教育者と子どもたちのある種の実践は、日本社会の他分野でも見ることができる。例えば、対人コミュニケーションにおける形式の異なるお辞儀という身体技法は、園・学校だけで特徴的なものではない。また、「見守る」という文化的実践は、日本の他の状況でも観察される。しかし、幼稚園・保育所で採られている形と全く同じではない。「見守る」は、日本社会全体で特徴的な実践ではなく、日本社会の中の小集団

である「教える文化」（Anderson-Levitt, 2002）に属する教師たちに特徴的な実践である。

　ビデオ撮影とインタビューによって、日本の幼稚園・保育所で広く共有されている教授的実践の集合体と、実践に関連している信念の集合体を見極め、それらの分析が可能になった。文化は、このような一貫性を産み出すことができる唯一の要因ではない。他に貢献している要因として、国のガイドライン・教員養成課程・経済的事情（例えば、経済不況は政府の教育費への低減につながり、教師に対する生徒の比率が高くなる）などがあげられる。本書は、日本の幼稚園・保育所の教授法は、文化がどう機能しているかを示す理想的な事例であると議論してきた。なぜならば、本研究で発見した広く共有されている実践は、上層部から指示されているわけではなく、教科書や国のガイドラインで明文化されているわけでもなく、経済や政治圧力への反応でもないからだ。

　本書の真髄は、映像・画像の詳細な分析とインタビューに基づいた実証的な研究である。例えば、日本の幼稚園・保育所の教授法といった、特定の課題への注意深いエスノグラフィック研究をすることなしに、文化が最善の説明だと推測的な主張をすることはできないし、文化を説明から除外することもできない。それは、信念や志向としての課題ではなく、厚い記述と実証的分析としての課題である。

文 献

Abu-Lughod, L., & Lutz, C. (1990). Introduction: Emotion, Discourse, and the Politics of Everyday Life. In *Language and the Politics of Emotion*, ed. C. Lutz & L. Abu-Lughod, 1–23. Cambridge: Cambridge University Press.

Akiba, M. (2004). Nature and Correlates of Ijime—Bullying in Japanese Middle School. *International Journal of Educational Research* 41 (3): 216–36.

Akita, K. (2010). Recent Curriculum Reform in Japan: The Future of Everyday-Life- Oriented Curriculum. Presented at the International Conference of KSECE, Pusan.

Althusser, L. (1971). Ideology and Ideological State Apparatus. In *Mapping Ideology*, ed. S. Zizek. London: Verso.

Anderson-Levitt, K. (2002). *Teaching Cultures: Knowledge for Teaching First Grade in France and the United States* (Language and Social Processes). Cresskill, NJ: Hampton.

Anderson-Levitt, K. (2012). Complicating the Concept of Culture. *Comparative Education* 48 (4): 441–54.

Anderson-Levitt, K. (2013). What Is "National Culture"—Not to Mention "World Culture"— If Cultural Meaning Is Locally Produced? Paper presented at the Com- parative and International Education Society annual meeting, New Orleans, March 11.

Azuma, H. (1994). *Nihonjin no shituke to kyōiku*. Tokyo: Tokyo Daigaku Syupankai.

Bakhtin, M. (1982).*The Dialogic Imagination: Four Essays*.Trans. C. Emerson & M. Holquist. Austin: University of Texas Press.

Bakhtin, M. (1990). *Art and Answerability*. Trans. M. Holquist & V. Liapunov. Austin: University of Texas Press.

Ball, D., & Cohen, D. (1999). Developing Practice, Developing Practitioners: Toward a Practice-Based Theory of Professional Education. In *Teaching as the Learning Profession: Handbook of Policy and Practice*, ed. G. Sykes & L. Darling-Hammond, 3–32. San Francisco: Jossey-Bass.

Ben-Ari, E. (1996). From Mothering to Othering: Organization, Culture, and Nap Time in a Japanese Day-Care Center. *Ethos* 24 (1): 136–64.

Ben-Ari, E. (1997). *Body Projects in Japanese Culture: Culture, Organization and Emotions in a Preschool*. Richmond, UK: Curzon Press.

Bender, A., Spada, H., Seitz, S., Swoboda, H., & Traber, S. (2007). Anger and Rank in Tonga and Germany: Cognition, Emotion, and Context. *Ethos* 35 (2): 196–234.

Benedict, R. (1946). *The Chrysanthemum and the Sword: Patterns of Japanese Culture*. Boston: Meridian.

Berliner, D. C. (1988). *The Development of Expertise in Pedagogy*. AACTE Publications, 1 Dupont Circle, Suite 610, Washington, DC 20036-2412.

Bloch, M. (1991). Language, Anthropology and Cognitive Science. *Man*, n.s., 26 (2): 183–98.

Bourdieu, P. (2000). *Bodily Knowledge. Pascalian Mediations*. Palo Alto, CA: Stanford University Press.

Briggs, J. (1999). *Inuit Morality Play: The Emotional Education of a Three-Year-Old*. New Haven, CT: Yale University Press.

Burke, R. S., & Duncan, J.(2014). *Bodies as sites of cultural reflection in early childhood education*. Routledge.

Caudill, W., & Plath, D. (1966). Who Sleeps by Whom? Parent-Child Involvement in Urban Japanese Families. *Psychiatry* 29: 344–66.

Clark, S. (1994). *Japan, a View from the Bath*. Honolulu: University of Hawaii Press.

Connor, L., Asch, T., & Asch, P. (1986). *Jero Tapakan: Balinese Healer*. Cambridge: Cambridge University Press.

Conroy, M., Hess, R., Azuma, H., & Kashiwagi, K. (1980). Maternal Strategies for Regulating Children's Behavior. *Journal of Cross-Cultural Psychology* 11 (2): 153–72.

Crossley, N. (1995). Body Techniques, Agency and Intercorporeality: On Goffman's Relations in Public. *Sociology* 29 (1): 133–49.

Crossley, N. (2007). Researching Embodiment by Way of 'Body Techniques.' *Sociological Review* 55 (1): 80–94.

DeCoker, G. (1998). Seven Characteristics of a Traditional Japanese Approach to Learning. In *Learning in Likely Places*, ed. J. Singleton, 68–84. New York: Cambridge University Press.

Doi, T. (1973). *The Anatomy of Dependence*. Tokyo: Kodansha International.

Eisenberg, N. (1992). *The Caring Child*. Cambridge, MA: Harvard University Press.

Eisenberg, N., & Spinrad, T. (2004). Emotion-Related Regulation: Sharpening the Definition. *Child Development* 75 (2): 334–39.

Embree, J. F. (1939). *Suye Mura: A Japanese Village*. Chicago: University of Chicago Press.

Feiman-Nemser, S., & Floden, R. (1986). The Cultures of Teaching. In *Handbook of Research on Teaching*, ed. M. Wittrock, 505–26. 3rd ed. New York: Macmillan.

Feiman-Nemser, S. (2001). From Preparation to Practice: Designing a Continuum to Strengthen and Sustain Teaching. *Teacher College Record* 103: 1013–55.

Ferguson, D. E., & Kuby, C. R. (2015). Curricular, relational, and physical spaces in the

Japanese hoikuen. *International Journal of Early Childhood*, 47(3), 403–421.

Foucault, M. (1977). *Discipline and Punish: The Birth of the Prison*. New York: Random House.

Friedkin, Shelley. (1999). Lesson Study Group at Mills College: What Is Lesson Study? http://www.lessonresearch.net.

Fukuzawa, R. E., & LeTendre, G. (2001). *Intense Years: How Japanese Adolescents Balance School, Family, and Friends*. New York: RoutledgeFalmer.

Gaskins, S., & Paradise, R. (2009). Learning through Observation in Daily Life. In *The Anthropology of Learning in Childhood*, ed. D. F. Lancy, J. Bock, & S. Gaskins, 85–117. Lanham, MD: AltaMira Press.

Goffman, E. (1971). *Relations in Public: Microstudies of the Public Order*. New York: Harper & Row.

Grossman, D. (2009). *On Killing: The Psychological Cost of Learning to Kill in War and Society*. New York: Back Bay Books.

Hayashi, A. (2011). The Japanese Hands-Off Approach to Curriculum Guidelines for Early Childhood Education as a Form of Cultural Practice. *Asian-Pacific Journal of Research in Early Childhood Education* 5 (2): 107–23.

Hayashi, A., Karasawa, M., & Tobin, J. (2009). The Japanese Preschool's Pedagogy of Feeling: Cultural Strategies for Supporting Young Children's Emotional Development. *Ethos* 37 (1): 32–49.

Hayashi, A., & Tobin, J. (2011). The Japanese Preschool's Pedagogy of Peripheral Participation. *Ethos* 39 (2): 139–64.

Hayashi, A., & Tobin, J. (2012). Reframing a Visual Ethnography of a Japanese Preschool Classroom. *Visual Anthropology Review* 28 (1): 13–31.

Hayashi, A., & Tobin, J. (2014). The Power of Implicit Teaching Practices: Continuities and Discontinuities in Pedagogical Approaches of Deaf and Hearing Preschools in Japan. *Comparative Education Review* 58 (1): 24–46.

Hess, R., Azuma, H., Kashiwagi, K., Dickson, P., Nagano, S., Holloway, S., Miyake, K., Price, G., Hatano, G., & McDevitt, T. (1986). Family Influences on School Readiness and Achievement in Japan and the United States: An Overview of a Longitudinal Study. In *Child Development and Education in Japan*, ed. H. Stevenson, H. Azuma, & K. Hakuta. New York: W. H. Freeman.

Hindmarsh, J., & Pilnick, A. (2007). Knowing Bodies at Work: Embodiment and Ephem- eral Teamwork in Anaesthesia. *Organization Studies* 28 (9): 1395–1416.

Hoffman, D. (1995). Models of Self and Culture in Teaching and Learning: An Anthropological Perspective on Japanese and American Education. *Educational Foundations* 9 (3): 19–42.

Hoffman, D. (2000). Pedagogies of Self in American and Japanese Early Childhood Education: A Critical Conceptual Analysis. *Elementary School Journal* 101 (2): 193–208.

Holloway, S. (2000). *Contested Childhood: Diversity and Change in Japanese Preschools.* London, UK: Routledge.

Hubbard, J. (2008). Misc. Notes on the Kawabata and Oe readings. http://sophia.smith.edu/~jhubbard/syllabi/ContempJapan/kawabata.htm, accessed July 17.

Hutchins, E., & Klausen, T. (1996). Distributed Cognition in an Airline Cockpit. In *Cognition and Communication at Work*, ed. Y. Engestrom & D. Middleton, 15–34. New York: Cambridge University Press.

Ishigaki, E. (1999). New Perspectives of Early Childhood Teacher Education in Japan: Concerning New Revisions of Guidelines and the Juvenile Welfare Law. *Educare* 20: 21–34.

Jackson, S. (1996). Toward a Conceptual Understanding of the Flow Experience in Elite Athletes. *Research Quarterly for Exercise and Sport* 67 (1): 76–90.

Juniper, A. (2003). *Wabi Sabi: The Japanese Art of Impermanence.* North Clarendon, VT: Tuttle.

Klinger, D. (2006). *Into the Kill Zone: A Cop's View of Deadly Force.* San Francisco: Jossey Bass.

Kojima, H. (1986). Child Rearing Concepts as a Belief System of the Society and the Individual. In *Child Development and Education in Japan*, ed. H. Stevenson, H. Azuma, & K. Hakuta, 39–54. New York: Freeman.

Koren, L. (1994). *Wabi-Sabi: For Artists, Designers, Poets and Philosophers.* Berkeley: Stone Bridge.

Latour, B. (2005). *Reassembling the Social: An Introduction to Actor-Network-Theory.* Oxford: Oxford University Press.

Lave, J., & Wenger, E. (1991). *Situated Learning: Legitimate Peripheral Participation.* Cambridge: Cambridge University Press.

Lebra, T. (1976). *Japanese Patterns of Behavior.* Honolulu: University of Hawaii Press.

LeTendre, G. (2000). *Learning to Be Adolescent: Growing Up in US and Japanese Middle Schools.* New Haven: Yale University Press.

Lewis, C. (1984). Cooperation and Control in Japanese Nursery Schools. *Comparative Education Review* 28 (1): 69–84.

Lewis, C. (1995). *Educating Hearts and Minds: Reflections on Japanese Preschool and*

Elementary Education. Cambridge: Cambridge University Press.

Lewis, C. (2009). What Is the Nature of Knowledge Development in Lesson Study? *Education Action Research* 17 (1): 95–110.

Lewis, C., Perry, R., & Murata, A. (2006). How Should Research Contribute to Instruc- tional Improvement? The Case of Lesson Study. *Educational Researcher* 35 (3): 3–14.

Loughran, J. J. (2007). Science Teacher as Learner. *Handbook of Research on Science Education*, 1043–65.

Lutz, C. (1988). *Unnatural Emotions: Everyday Sentiments on a Micronesian Atoll and Their Challenge to Western Theory*. Chicago: University of Chicago Press.

Maret, J. (2008). *An Ethnography of Invisibility: Education and Special Need Children in Japan*. PhD Diss., University of Hawaii.

Markus, H. R., & Kitayama, S. (1991). Culture and the Self: Implications for Cognition, Emotion, and Motivation. *Psychological Review* 98: 224–53.

Mauss, M. (1934/1973). Techniques of the Body. *Economy and Society* 2 (1): 70–88.

Merleau-Ponty, M. (1964). *The Visible and the Invisible*. Trans. A. Lingis. Evanston, IL: Northwestern University Press.

Ministry of Education, Culture, Sports, Science, and Technology (MEXT). (2008). Yōchien Kyōiku Yōryō (The Course of Study about Early Childhood Education and Care).

Ministry of Education, Culture, Sports, Science, and Technology (MEXT). (2009). Youji Kyōiku Jitsutai Tyōsa (The Survey of Early Childhood Education).

Morita, Y., & Kiyonaga, K. (1996). *Bullying—Pathology in Classroom*. Tokyo: Kaneko Shobo.

Nakamura, K. (2006). *Deaf in Japan: Signing and Politics of Identity*. Ithaca, NY: Cornell University Press.

Nakatsubo, F., Minowa, J., Akita, K., Sunagami, F., Yasumi, K., & Masuda, T. (2009). A Study of the Involvement of Japanese Early Childhood Teachers in Clean-up Time. *Asia-Pacific Journal of Research in Early Childhood Education* 3 (1): 69–85.

Oda, Y., & Mori, M. (2006). Current Challenges of Kindergarten (Yōchien) Education in Japan: Toward Balancing Children's Autonomy and Teachers' Intention. *Childhood Education* 82 (6): 369–73.

Olson, S., Kashiwagi, K., & Crystal, D. (2001). Concepts of Adaptive and Maladaptive Child Behavior: A Comparison of U.S. and Japanese Mothers of Preschool-Age Children. *Journal of Cross-Cultural Psychology* 32 (1): 43–57.

Paine, L. (1990). The Teachers as Virtuoso: A Chinese Model for Teaching. *Teachers College*

Record 92 (1): 49–81.

Paine, L., & Fang, Y. (2007). Dilemmas in Reforming China's Teachers: Assuring "Quality" in Professional Development. In *Reforming Teaching Globally*, ed. M. T. Tatto. Oxford: Symposium Books.

Peak, L. (1991). *Learning to Go to School in Japan: The transition from Home to Preschool Life*. Berkeley: University of California Press.

Polanyi, M. (1962). Tacit Knowing: Its Bearing on Some Problems of Philosophy. *Reviews of Modern Physics* 34 (4): 601–15.

Polanyi, M. (1966). *The Tacit Dimension*. Chicago: University of Chicago Press.

Raeff, C. (2000). European-American Parents' Ideas about Their Toddlers' Independence and Interdependence. *Journal of Applied Developmental Psychology* 21 (2): 183–205.

Raeff, C. (2006). Individuals in Relation to Others: Independence and Interdependence in a Kindergarten Classroom. *Ethos* 34 (4): 521–57.

Rogoff, B., Paradise, R., Arauz, M. R., Correa-Chavez, M., & Angelillo, C. (2003). First Hand Learning through Intent Participation. *Annual Review of Psychology* 54: 175– 203.

Rohlen, T. P. (1974). *For Harmony and Strength: Japanese White-Collar Organization in Anthropological Perspective*. Berkeley: University of California Press.

Rosenberger, N. R. (1989). Dialectic Balance in the Polar Model of Self: The Japan Case. *Ethos* 17 (1): 88–113.

Sato, M., Chung Wei, R., & Darling-Hammond, L. (2008). Improving Teachers' Assess- ment Practices through Professional Development: The Case of National Board Cer- tification. *American Educational Research Journal* 45 (3): 669–700.

Sato, N. E. (2004). *Inside Japanese Classrooms*. New York: Routledge Falmer.

Schempp, P., Tan, S., Manross, D., & Fincher, M. (1998). Differences in Novice and Com- petent Teachers' Knowledge. Teachers and Teaching: *Theory and Practice* 4 (1): 9–20.

Sharp, R., & Green, A. (1975). *Education and Social Control*. London: Routledge & Kegan Paul.

Shimizu, H. (2000). Japanese Cultural Psychology and Empathic Understanding: Impli- cations for Academic and Cultural Psychology. *Ethos* 28 (2): 224–47.

Singleton, J., ed. (1998). *Learning in Likely Places*. New York: Cambridge University Press.

Smith, R. J., & Wiswell, E. L. (1982). *The Women of Suye Mura*. Chicago: University of Chicago Press.

Spiro, R. J., Collins, B. P., & Ramchandran, A. R. (2007). Modes of Openness and Flexibility in Cognitive Flexibility Hypertext Learning Environments. In *Flexible Learning in an Information Society*, ed. B. Khan, 18–25. Hershey, PA: Information Science Publishing.

Spiro, R. J., Feltovich, P., Jacobson, M. J., & Coulson, R. L. (1992). Cognitive Flexibility, Constructivism, and Hypertext: Random Access Instruction for Advanced Knowledge Acquisition in Ill-Structured Domains. In *Constructivism and the Technology of Instruction*, ed. T. Duffy & D. Jonassen, 57–76. Hillsdale, NJ: Erlbaum.

Stigler, J. W., & Hiebert, J. (1999). *The Teaching Gap: Best Ideas from the World's Teachers for Improving Education in the Classroom*. New York: Free Press.

Stokoe, W. C. (1980). *Sign and Culture*. Silver Spring, MD: Linstok Press.

Titchener, E. (1909). *Experimental Psychology of the Thought Processes*. New York: Macmillan.

Tobin, J., Hsueh, Y., & Karasawa, M. (2009). *Preschool in Three Cultures Revisited: China, Japan, and the United States*. Chicago: University of Chicago Press.

Tobin, J., Wu, D., & Davidson, D. (1987). Class Size and Student/Teacher Ratios. *Comparative Education Review* 31 (4): 533–49.

Tobin, J., Wu, D., & Davidson, D. (1989). *Preschool in Three Cultures: Japan, China and the United States*. New Haven: Yale University Press.

Walsh, D. (2002). The Development of Self in Japanese Preschools: Negotiating Space. In *Research in International Education: Experience, Theory, and Practice*, ed. L. Bresler & A. Ardichvili, 213–46. New York: Peter Lang.

Walsh, D. J. (2004). Frog Boy and the American Monkey: The Body in Japanese Early Schooling. In *Knowing Bodies, Moving Minds*, ed. L. Bresler, 97–109. Dordrecht: Kluwer Academic Publishers.

White, J. J. (1989). Student Teaching as a Rite of Passage. *Anthropology and Education Quarterly* 20 (3): 177–95.

White, M., & LeVine, R. (1986). What Is an Ii Ko (Good Child)? In *Child Development and Education in Japan*, ed. H. Stevenson, H. Azuma, & K. Hakuta, 55–62. New York: W. H. Freeman.

Valente, J. M. (2010). *d/Deaf and d/Dumb: A Portrait of a Deaf Kid as a Young Superhero*. Disability Studies in Education 6. New York: Peter Lang.

van Manen, M. (1995). On the Epistemology of Reflective Practice. *Teachers and Teaching: Theory and Practice* 1 (1): 33–50.

矢野久美子（2012）．音声言語社会の中のろう文化．早稲田社会科学総合研究．別冊，2011 年度学生論文集，131-141．

Zeichner, K. M., & Gore, J. (1990). Teacher Socialization. In *Handbook of research on teacher education*, ed. W. R. Houston, 329–48. New York: Macmillan.

あとがき

　本書を読者のみなさんにお届けするに至るまでに、多くの方々に協力いただき、助けていただきました。まず、「日本の読者にも研究の成果を届けたい」という想いに快く応じ、本文のみならず画像や表紙まで、全ての著作権を譲ってくださったシカゴ大学出版局に深く感謝いたします。このシカゴ大学出版局の理解により、翻訳本ではなく、日本語での書き直しが叶いました。特に、英語版の編集者であり、日本での出版を支えてくださったエリザベス・ブランチ・ダイソン氏、英語版の表紙に合わせ日本版の表紙の作成を手がけてくださったアイザック・トービン氏に、お礼を申し上げます。

　本書の執筆が可能となったのは、明治大学専門職大学院ガバナンス研究科との出逢いがあったからです。それぞれの分野で活躍なさる先生方、きめ細かくサポートしてくださる事務室の方々、真摯に学問に向き合う学生の方々から多くの刺激を受け、多くを学び、沢山のエネルギーをいただきました。それらのエネルギーなしに、本を出版するという長い道のりを走り切ることはできませんでした。特に、要所で相談に乗ってくださった中邨章先生、源由理子先生、西出順郎先生、出版社探しにお力を貸してくださった田中秀明先生、松浦正浩先生に、感謝を申し上げます。

　京都大学の高山敬太先生には、明石書店と引き合わせていただきました。お茶の水女子大学の浜口順子先生には、日本語での出版に賛同していただき応援していただきました。東京女子大学の先輩である林治子さん、松原典子さん、田中弥生さんには、言語や思考の違いや知識不足から執筆を諦めそうになるたび、今の全力を尽くすよう励ましていただきました。国連ユニセフ職員の渡部美久さん、アメリカインスティチューツフォーリサーチの生駒咲子さん、創価大学の三津村正和先生には、英語から日本語への思考変換の相談に乗っていただきました。ノートルダム清心女子大学の西隆太朗先生、信州大学の昆万佑子先生には、草稿に目を通していただきました。そして、明石書店の神野斉編集部長には、企画書の段階から刊行までご尽力いただきました。みなさま、ありがとうございました。

　最後に、本研究にご協力いただいた全ての先生方、子どもたち、保護者の方々に心より感謝いたします。特に、明晴学園の斉藤道雄前校長、池田亜希子先生、岡典栄先生、佐々木倫子先生、若林真未さんには、研究に協力していただいただけでなく、原稿の確認もしていただきました。また、英語版から日本語版に至るまで、2002年に私が研究に足を踏み入れたときから現在に至るまで、私を見守り続け、研究に協力し続けてくださっている小松谷保育園・まどか幼稚園・泉山幼稚園には、感謝の言葉もありません。「幼稚園・保育所は子どもだけではなく、先生も育つ場です」とおっしゃっていましたが、「研究者」をも育つ場として、温かく迎え入れてくださいました。小松谷保育園の吉澤秀則前園長、吉澤浩則園長、野上孝哉先生、森田千智先生、まどか幼稚園の町山芳夫理事長、町山太郎園長、貝塚（落合）万里子先生、泉山幼稚園の熊谷簗子前園長、熊谷知子副園長、何度もお話を聞かせてくださり、ありがとうございました。今後も研究に邁進していくことで、少しでも幼児教育・学問・社会に貢献できたらと思っておりますので、これからもよろしくお願いします。

索　引

人名索引

アイゼンバーグ，ナンシー（Eisenberg, Nancy）94

秋場素子　95

東　洋　137

アルチュセール，ルイ（Althusser, Louis）20

アンダーソン・レビット，キャサリン（Anderson-Levitt, Katherine）17

池田亜希子　16, 32, 44, 46, 47, 49, 50, 53, 54, 55, 73, 148, 149, 157, 168, 169, 170, 172, 184, 205

石垣恵美子　162

ヴァン・マーネン，マックス（Van Manen, Max）22, 23, 24, 156

ウェンガー，エチエンヌ（Wenger, Etienne）89, 90, 91

ウォルシュ，ダニエル（Walsh, Daniel）74

臼井博　93, 98

小田豊　165

貝塚万里子　16, 32, 43, 44, 48, 49, 50, 51, 53, 54, 69, 71, 72, 78, 79, 84, 85, 97, 98, 100, 101, 108, 114, 115, 119, 121, 122, 123, 130, 131, 134, 137, 138, 139, 143, 146, 149, 152, 153, 155, 205

ギャスキンズ，スザンヌ（Gaskins, Suzanne）89, 90, 91, 101

クービー，キャンダス（Kuby, Candace）161

熊谷藥子　32, 77, 163, 164, 205

クラーク，スコット（Clark, Scott）128

クロスリー，ニック（Crossley, Nick）19

ゴア，ジェニファー（Gore, Jennifer）132

ゴッフマン，アーヴィング（Goffman, Erving）27, 124, 125, 126, 192, 193

コリン，ブライアン（Collins, Brian）26, 137

ザイクナー，ケニス（Zeichner, Kenneth）132

サトウ，ナンシー（Sato, Nancy）68, 69

澤村和哉　148, 149

シェンプ，ポール（Schempp, Paul）132

ジュニパール，アンドルー（Juniper, Andrew）62

シングルトン，ジョン（Singleton, John）133

スパイロ，ランド（Spiro, Rand）25, 26, 133, 137, 153, 195

スピンラッド，トレーシー（Spinrad, Tracy）94

ダンカン，ジュディス（Duncan, Judith）74

土居健郎　62, 63, 64, 140

野上孝哉　40, 69, 130, 134, 135, 139, 140, 141, 144, 147, 150, 151, 155, 159, 160, 164, 190, 205

バーク，レイチェル（Burke, Rachael）74

バーリナー，デイヴィッド（Berliner, David）25

パスカル，ブレーズ（Pascal, Blaise）20, 105

ハッバード，ジェイミー（Hubbard, Jamie）62

バフチン，ミハイル（Bakhtin, Mikhail）57, 105

パラディス，ルース（Paradise, Ruth）89

ピーク，ロイス（Peak, Lois）110

ファーガスン，ダニエル（Ferguson, Daniel）161

ファイマン・ネンザー，シャロン（Feiman-Nemser, Sharon）132

フーコー，ミシェル（Foucault, Michel）99

ブルデュー，ピエール（Bourdieu, Pierre）20, 21, 25, 180, 184, 185

フローデン，ロバート（Floden, Robert）132

ブロック，モーリス（Bloch, Maurice）22, 23, 29, 144, 145, 153, 182, 184

ヘルバルト，ヨハン（Herbart, Johann）24

ベン・アリ，エヤル（Ben-Ari, Eyal）74

ベンサム，ジェレミ（Bentham, Jeremy）99

ホフマン，ダイアナ（Hoffman, Diane）166

ポランニー，マイケル（Polanyi, Michael）21, 22, 23, 29, 142, 143, 145, 150, 184

ホワイト，ジェーン（White, Jane）24

ホワイト，メアリー（White, Merry）137

町山太郎　131, 136, 144, 147, 148, 152, 154, 155, 164, 205

町山芳夫　51, 131, 154, 205

三津村正和　96, 204

メルロー・ポンティ，モーリス（Merleau-Ponty, Maurice）27, 192

モース，マルセル（Mauss, Marcel）18, 42, 184
森田千智　16, 25, 32, 38, 42, 43, 47, 48, 49, 51, 53, 55,
　　　　56, 59, 61, 62, 64, 66, 67, 68, 69, 72, 87, 91,
　　　　96, 97, 100, 101, 117, 119, 121, 129, 130,
　　　　131, 134, 135, 136, 138, 140, 141, 142, 143,
　　　　144, 146, 147, 150, 152, 153, 156, 182, 183,
　　　　185, 186, 187, 188, 189, 190, 191, 192, 194,
　　　　195, 205
森眞理　165
山田剛史　110, 111, 118
吉澤秀則　74, 205
吉澤浩則　130, 205
ラエフ，キャサリン（Raeff, Caterine）95
ラトゥール，ブルーノ（Latour, Bruno）180, 181,
　　　　182, 183, 187
ラムチャンドラン，アパマ（Ramchandran,
　　　　Apama）26, 137
リブラ，タキエ（Lebra, Takie）65, 97
ルイス，キャサリン（Lewis, Catherine）69
アブ・ルゴド，ライラ（Abu-Lughod, Lila）92
ルッツ，キャサリン（Lutz, Catherine）65, 92
レイヴ，ジャン（Lave, Jean）89, 90, 91
レヴィン，ロバート（LeVine, Robert）137
ローゼンベルガー，ナンシー（Rosenberger,
　　　　Nancy）106
ローレン，トーマス（Rohlen, Thomas）156
ロゴフ，バーバラ（Rogoff, Barbara）89, 91
ロッホラン，ジョン（Loughran, John）157

事項索引

あ

アイコンタクト　114, 115, 117, 118, 119, 190
挨拶　106, 110, 111, 112, 114, 119, 121, 125, 193
赤ちゃんにご飯をあげている場面　34
アクター　181
アクターネットワーク理論　180
アクタント　181, 182
アシスタント　154, 192
アジト　50, 51
遊び　40, 41, 74, 88, 166, 179, 187, 188, 194
遊び中心　162
頭がいっぱい　136
頭を空っぽにする　135
厚い記述　196
アドバイス　118, 148, 150, 151
甘え　34, 57, 62, 140
甘えの構造　63
あまり介入しないアプローチ　167, 173
あまり仲裁しない方法　68
アメリカ人幼児教育者の実践と信念　92
アメリカ人幼稚園教諭　179
アメリカの教育実習　24
暗黙　4, 22, 23, 29, 30, 61, 108, 126, 133, 142, 143, 145,
　　　　168, 172, 173, 174, 175, 176, 180, 181, 182,
　　　　184, 191
暗黙知　23, 142, 143, 150, 184
暗黙的文化理論　175
暗黙の文化的実践　17, 25, 100, 160, 182, 185
暗黙の文化的信念と実践　31, 174, 175, 191, 195

い

怒り　44, 65, 73, 76, 97, 144
いざこざ　48, 185
意識的　17, 18, 19, 20, 24, 25, 141, 142, 146, 182, 184,
　　　　194, 195
いじめ　95, 96, 97
急いで　146
忙しいということ　48
いただきます　110, 114, 119, 121
位置取り　21, 24, 47, 49, 54
一緒に寝ている　125

一般化された聴衆 97
一方的 68, 130, 135, 146, 183
意図 18, 20, 28, 48, 49, 90, 105, 117, 181, 183, 185
意図的な参加 89, 91
異年齢活動 107
インタビュー 3, 5, 7, 16, 19, 24, 28, 29, 30, 31, 32, 33, 40, 46, 50, 56, 61, 65, 78, 88, 95, 108, 130, 131, 132, 134, 136, 137, 138, 143, 144, 147, 149, 151, 154, 155, 160, 163, 165, 168, 170, 182, 184, 185, 196
インタビューデータ 29, 30, 31, 77, 104
インパルス制御 28
インファク社会 65
引用性 105

う

打ち解けた状況 106
頷き 112

え

エグゼクティブ機能 28
エスノグラファ 3, 4, 23
エスノグラフィ 3, 5, 6, 8, 29, 30, 31, 33, 40, 60, 180
エスノグラフィック・インタビュー 31
エスノグラフィック研究 196
エスノグラフィック・フィールドワーク 29
園舎 50
園庭 15, 50

お

多くの介入の方向 173
教えることの文化的説明 17
教えることの文化的側面 17
教える実践 17
教える文化 196
お辞儀 34, 104, 105, 106, 109, 110, 111, 112, 113, 114, 115, 116, 117, 118, 119, 121, 195
お節介 66
お兄ちゃんのおしっこレッスン 119, 121
思いやり 5, 6, 7, 34, 65, 66, 67, 76, 89, 141, 179
折り紙遊び 129
音声言語 169, 171, 172, 174, 203
音声言語発達 172, 174

か

ガイドライン 17, 18, 23, 25, 34, 133, 160, 161, 162, 163, 164, 165, 166, 174, 175, 191, 192, 196
介入しないアプローチ 152, 167, 168, 169, 173
外部者 3, 29, 30, 106
学問的盲目 20
画像 29
硬い 146
語ったことの分析 16
悲しい 7, 44, 45, 59, 60, 61, 62, 69, 72, 73, 76, 170
悲しさ 61, 64, 65, 72, 73, 76, 144
髪の毛を引っ張ったというケンカ 49, 53, 78, 88, 92, 97, 114, 118, 131, 143
紙の魚 60, 61
空になること 138
カリキュラム 4, 25, 27, 64, 107, 108, 133, 160, 162, 163, 165, 167
カリキュラムスタンダード 17
感覚経験 92
環境 15, 17, 50, 110, 124, 163, 170, 179
観察 3, 4, 5, 30, 34, 39, 60, 88, 89, 90, 91, 93, 105, 108, 132, 136, 166, 172, 173, 189, 190, 195
観察学習 78, 89, 90, 91, 101, 150
観察者 78, 87, 93
間主観性 76
感情 7, 19, 28, 29, 34, 35, 39, 48, 54, 60, 61, 62, 64, 65, 66, 68, 69, 71, 72, 73, 76, 89, 90, 92, 93, 94, 97, 100, 101, 104, 107, 117, 134, 166, 167, 174, 179, 181, 186
感情技術 91
感情経験 34, 64, 69, 91, 100, 101, 134
感情の身体性 92
感情の身体的経験 68
感情の発達 36, 68, 165, 166, 170, 171, 172, 173
感情表現 54, 66, 115
間身体性 26, 27, 124, 125, 192
間身体性の流れ 125

き

危険 17, 25, 41, 147, 157, 179, 183, 189
儀式的な状況 112
きちんとした状況 106
気持ち 46, 59, 61, 65, 69, 76, 89, 109, 131, 151, 162, 181

ギャラリー　34, 35, 77, 78, 80, 81, 82, 87, 88, 89, 90,
　　　91, 92, 93, 94, 98, 99, 100, 101, 114, 179,
　　　181, 189
ギャローデット大学　171, 175
教育行政従事者　27
教育実践　7, 18, 20, 21, 68, 165, 176
教員研修　18, 24, 173
教員の育成　160
教員養成　17, 21, 24, 132, 148, 157, 158, 168, 173, 182,
　　　196
教員養成課程　21, 24, 173, 182, 196
教科書　17, 168, 182, 196
共感　6, 21, 61, 65, 66, 67, 69, 76, 87, 88, 89, 93, 100,
　　　115, 121, 161, 179
共感的同化　89, 90
教師の知覚と振り返り　29
教師の導入期　132
教師1人に対する子どもの数の比率　191
教授アプローチ　162, 168, 174, 175
教授的実践　23, 24, 47, 104, 160, 172, 181, 182, 185,
　　　195, 196
教授法思慮深さ　25
教授的信念　47, 184, 195
教授的戦略　42, 128, 143, 161, 173
教授的タクト　22, 156
教授法　18, 26, 27, 34, 39, 50, 60, 61, 67, 75, 76, 100,
　　　107, 132, 133, 148, 152, 157, 160, 163, 167,
　　　170, 174, 175, 176, 180, 181, 182, 189, 192,
　　　196
教授法思慮深さ　25
共通言語　168, 169, 170
儀礼的　106
筋肉が覚えていた　19
筋肉の記憶　21

く

空間　24, 51, 56, 124, 125, 126, 131, 134, 135, 160, 163,
　　　192, 193, 194, 195
空間的関係性　47
空間的距離　47
空間における身体性　27, 124, 125
偶然　16, 25, 26, 137, 151, 152, 181, 189, 192, 194
首を傾ける　43
くまのぬいぐるみ　15, 34, 37, 38, 39, 42, 43, 47, 48,
　　　49, 51, 62, 64, 67, 69, 85, 87, 88, 91, 92, 93,
　　　95, 96, 97, 100, 118, 143, 181, 182, 183, 185,
　　　186, 187, 188, 189, 191, 192, 193, 195
くまのぬいぐるみを巡る（女の子たちの）ケンカ
　　　25, 39, 42, 43, 47, 51, 62, 85, 88, 91, 92, 95,
　　　96, 100, 118, 143, 181, 182, 185, 186, 187,
　　　191, 192, 195
クラス　3, 15, 18, 26, 27, 28, 29, 30, 34, 40, 43, 48, 49,
　　　56, 57, 59, 60, 62, 73, 78, 91, 94, 95, 96, 97,
　　　98, 99, 101, 104, 110, 128, 130, 133, 135,
　　　137, 138, 139, 140, 143, 146, 148, 149, 150,
　　　154, 156, 157, 160, 167, 168, 172, 177, 180,
　　　181, 182, 186, 187, 189, 190, 191, 192, 194,
　　　195
クラスコミュニティ　28, 98, 101
クラスでの実践　160
クラスメート　48, 62, 64, 67, 69, 89, 92, 97, 100, 101,
　　　104, 110, 118, 121, 124, 126, 189, 194
グルーピング　74
グループ活動　109

け

経験　3, 4, 6, 21, 24, 25, 29, 40, 42, 48, 62, 65, 66, 68,
　　　69, 73, 74, 75, 76, 78, 89, 91, 92, 93, 94, 96,
　　　97, 98, 100, 101, 108, 126, 134, 135, 136,
　　　138, 139, 140, 141, 143, 144, 146, 147, 148,
　　　149, 150, 151, 152, 153, 155, 156, 157, 165,
　　　166, 170, 171, 179, 183, 184, 185, 190, 192
経験年数　16
経験豊富な教師　19, 131
経済的な事情　196
経済的な特徴　15
形式ばらない　106
けじめ　6, 7, 34, 106, 108, 179, 181
ケンカ　4, 15, 18, 19, 23, 25, 28, 32, 34, 37, 38, 43, 44,
　　　47, 48, 49, 50, 51, 53, 55, 56, 62, 67, 68, 69,
　　　72, 75, 78, 79, 81, 84, 85, 86, 87, 88, 89, 91,
　　　92, 93, 94, 95, 96, 97, 98, 100, 101, 114, 118,
　　　126, 131, 138, 140, 143, 147, 159, 161, 164,
　　　167, 170, 175, 179, 181, 182, 183, 184, 185,
　　　186, 187, 188, 189, 190, 192, 193, 194
研究協力者　7, 22, 23, 28, 29, 30, 32, 33, 61, 109, 132,
　　　136, 137, 144, 147, 148, 150, 152, 154, 183
研究者　3, 17, 23, 29, 30, 78, 132, 158, 162, 186, 205
研究方法　29
言語　6, 8, 18, 22, 23, 24, 29, 105, 106, 109, 112, 145,

148, 169, 170, 171, 172, 174, 182, 203, 204
健康 163, 164
言語化されない 29
言語発達 170, 172, 173, 174
研修会 148, 152, 157
建築家 50

こ

向社会的 64, 76, 97, 99, 100
向社会的行動 66, 93
公衆浴場 128
厚生労働省 5, 160, 161, 162, 168, 192
構造が不明確 25
行動 4, 17, 18, 19, 20, 21, 22, 23, 26, 27, 33, 39, 51,
　　55, 56, 57, 61, 63, 66, 67, 76, 87, 88, 89, 90,
　　91, 92, 93, 94, 95, 97, 98, 100, 101, 105, 106,
　　108, 109, 117, 134, 135, 136, 137, 139, 144,
　　145, 146, 150, 158, 178, 179, 186, 187, 188,
　　189, 190, 191, 192, 194, 195
行動原因 184
行動制御 94
行動の合理的人間構造 20
合理的行動 21
口話 169, 170
声 19, 21, 24, 71, 72, 183, 184
声のトーン 19, 71
個人的 18, 76, 94, 95, 186
ごっこ遊び 49, 124, 188
言葉 3, 4, 5, 6, 8, 15, 16, 18, 21, 23, 27, 29, 30, 34, 47,
　　51, 75, 78, 104, 105, 106, 112, 128, 143, 144,
　　178, 194, 195
言葉での振り返り 16
言葉という形を取らない実践 29
子ども中心 162
子どもに対する教師の割合 191
子どもの発達理論 92, 186
子どもや教師の身体の動き 15
子どもらしい 64, 101, 166
小松谷保育園 16, 31, 32, 34, 40, 43, 47, 49, 56, 61,
　　62, 66, 74, 88, 91, 95, 96, 100, 103, 107, 119,
　　129, 130, 134, 135, 136, 138, 140, 144, 151,
　　155, 156, 158, 159, 167, 177, 179, 181, 182,
　　185, 186, 193, 194, 205
痕跡を残した要因（「アクタント」）182

さ

最小限 34, 66, 126, 152, 155, 160, 163, 167, 173
最小限のアプローチ 152
最小限の指導 160
札幌ろう学校 168
寂しい 7, 59, 60, 61, 66, 72, 76
3か国のろう幼稚園 16, 31, 48

し

支援 16, 27, 28, 31, 40, 66, 67, 68, 93, 101, 104, 108,
　　126, 128, 151, 152, 155, 160, 162, 165, 167,
　　172, 173, 175, 176, 194, 195
時間 19, 24, 39, 55, 56, 66, 68, 106, 107, 108, 112, 131,
　　132, 133, 134, 135, 137, 138, 140, 142, 143,
　　163, 195
四季 107
思考 3, 4, 8, 26, 104, 137, 145, 204
試行錯誤 148, 152
自己制御 78, 92, 93, 94, 95, 99
指示的な管理手法 175
姿勢 19, 21, 22, 24, 34, 42, 43, 49, 53, 54, 55, 104, 109,
　　117, 121, 122, 123, 134, 137, 165, 179
自制 67, 92, 160, 164, 165, 172
姿勢を正す 109, 119
姿勢を正す（ピッ）119
自制を要する教授法 67
視線 3, 42, 43, 49, 54, 80, 81, 92, 97, 99, 100, 195
自然 7, 18, 27, 42, 136, 144, 146, 165, 171, 172, 184,
　　185
実証的分析 196
実践者 23, 25, 26, 33, 137, 145, 165, 183
師弟関係 91, 133, 148, 152, 156
指導計画 18, 20, 21, 160
指導者 16, 57, 148, 149, 157
指導・保育計画 136
自発的熟考案 20
自分でいっぱい 135
社会化 4, 7, 8, 65, 99, 104, 133, 155, 156, 157, 158,
　　165
社会学習 78
社会行動 125
社会生活 4, 27, 28, 31, 67, 181
社会性・感情の発達 170, 171
社会性や情緒の発達 9, 16, 27, 28, 31, 68, 152

社会的視線　97
社会の目　40, 97
謝罪　104, 112, 115, 116, 117, 118, 126
じゃれ合う　88
自由　109, 124, 160, 163, 166, 175, 190, 192
自由遊び　15, 37, 48, 109, 157, 189
習慣　15, 18, 26, 27, 96, 108, 125, 128, 139, 175, 181,
　　　185, 189
集合的　18, 94
集団制御　92
集団としての専門性　154
集団能力　28, 93
集団の生活　64
周辺参加　78, 89, 90, 91, 94, 95, 100, 101
周辺的　80
就労後の研修　173
授業研究　133
熟練　19, 22, 27, 131, 136, 137, 138, 144, 147, 153, 158
熟練教師　24, 132, 133, 134, 136, 144, 146, 147, 148,
　　　153, 156, 184
熟練実践者　26, 137, 145, 183
熟練者　132, 133, 134, 146, 147, 152, 153, 154, 155
出現　18, 21, 150
受動的観察　88
手話　15, 32, 44, 46, 47, 123, 148, 149, 157, 167, 168,
　　　169, 170, 171, 172
手話教育　16
手話言語　175
手話言語教育　148
状況　17, 18, 19, 20, 21, 25, 26, 34, 39, 41, 47, 49, 61,
　　　67, 69, 87, 90, 95, 100, 106, 107, 108, 109,
　　　112, 114, 115, 117, 125, 126, 128, 133, 134,
　　　135, 136, 137, 139, 142, 143, 144, 145, 146,
　　　151, 152, 153, 154, 155, 157, 162, 164, 172,
　　　176, 178, 179, 187, 189, 195
情緒の発達　9, 16, 27, 28, 31, 68, 152
職員配置基準　15
助言　150, 151, 157, 160, 175
初心者　132, 133, 134, 136, 141, 146, 153, 154, 184
私立特別支援学校　16
身体化　18, 143, 158
身体活動　19, 75
身体間　18
身体技法　8, 17, 18, 19, 20, 23, 24, 26, 27, 33, 35, 42,
　　　53, 55, 104, 105, 106, 108, 112, 114, 118,
　　　119, 124, 126, 183, 184, 186, 193, 194, 195

身体行動　19, 27, 144
身体実践　19, 20, 26, 27, 33, 104, 126, 143, 195
身体習慣　26, 181, 189
身体性　8, 21, 107
身体調整　43
身体的引用　119, 121
身体的学習経験　92
身体的感覚　73, 75
身体的感情経験　34
身体的・感情的反応　72
身体的関与　92
身体的経験（体験）　107, 128
身体的形態　112
身体的行動　105
身体の態度　108, 109
身体の動作　112, 184
身体的な交流　190
身体での真似　105
身体と心　18
身体と身体の共時性　192
身体と身体の対話の形　126
身体の間　105
身体の調整　193
身体の連繋と調和　192
身体ハビトゥス　24, 25, 184
身体版の直接的・間接的引用　105
身体表現　42
身体文化　103, 181
身体返答能力　105
身体をコントロールすること　193
神道　97
信念　5, 7, 8, 15, 20, 25, 47, 68, 78, 90, 92, 93, 97, 104,
　　　105, 156, 158, 169, 170, 172, 173, 174, 175,
　　　184, 187, 196
心理学　28, 66, 89, 94
心理文化人類学　76, 90

す

垂直　112, 114, 118, 119, 123
垂直な動作　112
水平　112, 114
水平の動き　112
スカーフを巡って口論している場面　49
素直　137

せ

政策 17, 18, 34, 35, 159, 160, 162, 165, 166, 167, 174, 175, 179, 181, 191
正式ではない仕草 118, 119, 121
正式な仕草 119
正式な場 27, 106, 112, 114, 123
精神分析者 137
正統的周辺参加 78
制服 48, 49, 78, 79, 107, 108, 109
西洋の学問 99
西洋の教育的議論 99
世間の目 34, 40, 57, 97, 98, 100
説得的技法 105
禅 61, 137
センス 147, 148
泉山幼稚園 32, 57, 77, 109, 110, 111, 118, 125, 151, 205
専門化 133
専門家的直観 142
専門技術 22, 23, 24, 56, 149
専門性 20, 24, 35, 129, 131, 132, 133, 143, 146, 147, 148, 149, 153, 154, 155, 157, 158, 160, 179, 184
専門知識 34, 142, 152
専門的能力の開発 133
専門能力開発機会の貢献 132
戦略 20, 21, 30, 39, 42, 47, 67, 126, 128, 143, 160, 161, 165, 173, 182, 192

そ

相互依存 64, 65, 95
相互的 35, 57, 65, 66, 76, 144, 146
組織構造 15
組織立っていない経験 133

た

体験 34, 68, 69, 107, 128
体操着 75, 78, 109
態度 27, 42, 100, 106, 107, 108, 109, 119, 121
台本 136, 138, 143
代理強化 90
対話性 105
タクト 22, 25, 114, 115, 117, 118, 119, 156, 190

タシット 21, 23, 24, 29
多声性 105
多体性 105
立ち位置 4, 24, 195
建物 50, 108, 156, 164, 190
縦割り教育 91
担任教師 29

ち

知的能力 39
千葉ろう学校 169
注意 4, 17, 18, 19, 20, 21, 24, 42, 49, 54, 65, 68, 71, 78, 79, 100, 101, 138, 166, 178, 188, 192, 195
仲裁 4, 15, 19, 25, 34, 41, 46, 47, 48, 49, 50, 53, 54, 56, 62, 66, 67, 68, 69, 72, 78, 79, 85, 97, 100, 101, 117, 126, 131, 138, 143, 164, 170, 191, 194, 195
注目 8, 17, 24, 29, 33, 42, 43, 48, 64, 67, 78, 79, 80, 105, 106, 137, 138, 139, 142, 170, 175, 178, 181, 183, 184, 193
調査者 30
聴者 47, 81, 149, 167, 168, 169, 170, 171, 172, 173, 174, 175, 187
直観 18, 21, 25, 142, 143, 146, 173, 181
直観的な他者への感情理解 66
直観的文化的理論 173

つ

追跡インタビュー 140, 185
綱引き 15, 44, 45, 46, 47, 49, 54, 168, 169, 184

て

手振り 34, 170, 194

と

同情 61, 62, 66, 67, 89
登場人物 181, 186
導入期 133, 158
導入期の研究 132
当番 40, 107, 119, 121, 126
トータルコミュニケーション 167, 168, 169, 174
特別支援教育 167, 172, 173, 175, 176
どの子も置き去りにしない 161

な

内在的　18
内部者　3, 8, 29, 30, 106
長い視点　56
奈良ろう学校　169

に

日常会話　7, 113, 114
日常的　8, 112, 143
日本語　6, 7, 8, 66, 68, 106, 112, 172, 204, 205
日本社会　27, 64, 95, 165, 170, 172, 174, 195
日本手話　15, 32, 46, 47, 148, 157, 167, 168, 171, 172, 174, 175
日本の教育の組織的特徴　195
日本の社会の一員　104
日本の幼児教育者　7, 8, 16, 18, 19, 27, 28, 31, 33, 39, 41, 61, 64, 66, 69, 76, 88, 131, 136, 137, 147, 152, 185
日本文化　3, 6, 61, 66, 96, 105, 106, 140, 160, 172, 195
人間関係　48, 98, 155, 163
認知的　18, 22

の

能動的観察　88
伸び伸び教育　162

は

箱いっぱいのくまのぬいぐるみ　188
バタフライ効果　181
発生　20, 25, 181, 194, 195
発達上適切な実践　161
パノプティコン　99, 100
パノプティシズム　78, 99
ハビトゥス　21, 24, 25, 184, 185

ひ

ピアノ　22, 25, 143, 145, 188, 189, 195
非言語的　24, 144, 145, 184
ビデオ作成　32
ビデオ撮影　16, 29, 31, 106, 124, 130, 182, 196
ビデオデータ　29

ビデオ場面のマイクロ分析　16
ビデオを用いた多声的エスノグラフィ　29
1クラスの子どもの数　68
表情　19, 24, 71, 72, 79, 144, 145, 178

ふ

フィードバック　101, 148, 150, 151, 152
フィールドワーク　3, 29, 30
フォーカスグループインタビュー　56, 170
複数回に亘るインタビュー　31, 32
複数文化教育　175
触れる　43, 51, 53, 57, 74, 126
文化化　4, 28, 90, 133, 156, 157, 158, 166
文化人類学　3, 4, 5, 8, 22, 28, 66, 76, 90, 133, 137, 180
文化相対主義　137
文化の外部者　3, 29, 30
文化の価値　60, 65, 174
文化の教授概念　34
文化の教授信念　34, 68
文化の議論　175
文化的実践　18, 34, 101, 159, 165, 182, 191, 195
文化的信念　18, 34, 174
文化的内部者　30
文脈に埋め込まれた専門性　154

へ

下手な模倣・変化　105
編集　31, 32, 33, 78, 81, 84, 204

ほ

保育　16, 25, 39, 40, 42, 130, 134, 162
保育計画　136
保育士　5, 14, 16, 56, 88, 130, 134, 135, 139, 140, 141, 142, 152, 156, 160, 185
保育室（教室）　15, 19, 24, 163
保育所保育指針　15, 160, 161
保育補助　154
保育歴　32, 131, 141
傍観者　88, 89, 93, 96

ま

マイクロ分析　16, 29, 31, 33, 104, 105, 112, 178, 184
待ちの保育　39

待つこと　39, 56, 135, 150, 152
まどか幼稚園　16, 31, 32, 44, 49, 50, 51, 56, 69, 72, 74,
　　　78, 79, 81, 93, 100, 106, 108, 113, 114, 119,
　　　121, 125, 130, 131, 136, 138, 144, 154, 155,
　　　156, 157, 158, 205
マニュアル　136
周りの子　4, 78, 80, 88, 89, 93, 98, 110, 179, 190, 193

み

3つの文化における幼児教育　14, 16, 29, 48, 56, 66,
　　　74, 77, 91, 118, 155, 156
3つの文化における幼児教育2009　14, 16, 31, 32, 33,
　　　48, 66, 77, 155, 156
身振り　72, 93, 170, 178, 188, 194
身振り手振り　21, 170, 194
見守る　5, 23, 34, 37, 39, 40, 41, 42, 47, 50, 55, 56, 57,
　　　98, 100, 114, 131, 141, 143, 152, 160, 161,
　　　162, 163, 164, 165, 166, 168, 172, 174, 175,
　　　179, 181, 182, 183, 184, 185, 189, 195
見守るの社会性　57
見ること　19, 39, 90, 93, 99, 131, 149, 150, 152

む

無心　137

め

明示的　18, 21
明晴学園　16, 31, 32, 44, 49, 73, 75, 109, 123, 148, 149,
　　　157, 158, 167, 168, 170, 171, 172, 174, 175,
　　　205
命令的技法　105
目線　15, 21, 24, 42, 43, 49, 78, 195
メンバーの一員　94

も

物　25
問題行動　29, 96, 99, 110
文部科学省　5, 160, 161, 162, 163, 164, 165, 166, 168,
　　　172, 173, 175, 182, 192

や

野次馬　88, 89

よ

よい子　137
要因　25, 35, 93, 132, 142, 143, 174, 179, 180, 181, 182,
　　　183, 188, 190, 191, 195, 196
幼児教育　3, 4, 5, 6, 8, 14, 18, 20, 25, 57, 60, 66, 99,
　　　136, 160, 161, 162, 163, 166, 174, 175, 183,
　　　205
幼児教育者のキャリア形成　15
幼児教育政策　34, 159, 165, 166, 179
養成校　18, 175
幼稚園教育要領　15, 27, 64, 66, 76, 160, 161, 164, 182
幼稚園教育要領解説　164
幼稚園教諭　5, 14, 16, 39, 42, 56, 89, 93, 130, 131, 146,
　　　154, 156, 160, 163, 164, 165, 179
横須賀ろう学校　168
欲求不満　69, 73
余裕　112, 131, 134, 142, 171
余裕がある　146
余裕がない　131, 134, 135, 146

り

理論外　25, 146

ろ

ろう学校　15, 16, 149, 167, 168, 169, 170, 171, 172,
　　　173, 174, 175, 192
ろう教育　8, 160, 167, 170, 171, 172, 173, 174, 175,
　　　176, 192
ろう者　167, 171
ろう文化　16, 175, 203
ろう文化アイデンティティ　175

わ

わびさび　7, 62

著者紹介

林安希子 （はやし　あきこ）

アリゾナ州立大学大学院教育学部博士課程修了（Ph.D.）。ジョージア大学ポスドク研究員を経て、現在、明治大学専門職大学院ガバナンス研究科助教。専門は、幼児教育、比較教育、文化人類学、発達心理学、質的調査法。幼児教育者がどのように子ども達と接しているのか、子どもの育ちと文化はどのように関係しているのか、教育政策や社会がどのように幼児教育に影響を与えているのか。教育文化人類学者として、ミクロからマクロに至って幼児教育の研究を行っている。著書として *Teaching Embodied: Cultural Practice in Japanese Preschools*（The University of Chicago Press、2015 年）、分担執筆として「Continuity and Change in Japanese Preschool Education 」*Japanese Education in an Era of Globalization: Enduring Issues in New Context*（NY: Teachers College Press、2013 年）など、論文として「Going Deeper in Video Cued Multivocal Ethnographies」（*Anthropology & Education Quarterly*、2019 年 ）、「Reforming the Japanese Preschool System: An Ethnographic Case Study of Policy implementation」（*Education Policy Analysis Archives*、2017 年）、「The Japanese Preschool's Pedagogy of Feeling: Cultural Strategies for Supporting Young Children's Emotional Development」（*Ethos*、2009 年）などがある。

協力（共同研究）者紹介

Joseph Tobin （ジョセフ・トービン）

ハワイ大学、アリゾナ州立大学を経て、現在、ジョージア大学教育学部教授。専門は、幼児教育、比較教育、文化人類学、質的調査法。教育文化人類学者として、『3つの文化における幼児教育』研究を初め、『5か国の移民の子どもたち』『3か国のろう幼稚園』などの幼児教育の国際比較研究、また、40 年以上に亘り、日本文化についての研究を行っている。著書として *Preschool in Three Cultures: Japan, China, and the United States*（Yale University Press、1989 年）、*Preschool in Three Cultures Revisited : Japan, China, and the United States*（The University of Chicago Press、2009 年）、編著書として *Pikachu's Global Adventure: The Rise and Fall of Pokemon*（Duke University Press、2003 年 ）、*Remade in Japan : Everyday Life and Consumer Taste in a Changing Society*（Yale University Press, 1992、日本語訳『文化加工装置ニッポン「リ＝メイド・イン・ジャパン」とは何か』、時事通信社、1995 年）など、著書・分担執筆・論文多数。

幼児教育のエスノグラフィ
日本文化・社会のなかで育ちゆく子どもたち

2019 年 10 月 31 日　初版第 1 刷発行
2020 年 12 月 1 日　初版第 2 刷発行

著　者　　林　安　希　子
協力者　　ジョセフ・トービン
発行者　　大　江　道　雅
発行所　　株式会社　明石書店
　　　　　〒 101-0021　東京都千代田区外神田 6-9-5
　　　　　電　話　03（5818）1171
　　　　　ＦＡＸ　03（5818）1174
　　　　　振　替　00100-7-24505
　　　　　http://www.akashi.co.jp

装　　丁　　アイザック・トービン
印刷 / 製本　モリモト印刷株式会社

混迷する保育政策を解きほぐす
量の拡充・質の確保、幼児教育の振興のゆくえ
柏女霊峰著　◎1800円

はじめて保育・教育を学ぶ人のために
〈わかちあい〉の共育学【基礎編】
教職課程コアカリキュラムに基づく教員養成テキスト
齋藤尚志、笹倉千佳弘、井上寿美著　◎2000円

発達心理学ガイドブック 子どもの発達理解のために
マーガレット・ハリス、ガート・ウェスターマン著
小山正、松下淑訳　◎4500円

幼児教育と「こども環境」 豊かな発達と保育の環境
氏原陽子、倉賀野志郎、くろせんもん学校、幼児の「環境」研究グループ編著　◎2000円

幼児教育・保育の国際比較 質の高い幼児教育・保育に向けて
OECD国際幼児教育・保育従事者調査2018報告書
国立教育政策研究所編　◎3600円

多文化共生保育の挑戦 外国籍保育士の役割と実践
佐々木由美子著　◎3500円

子どもの未来をあきらめない 施設で育った子どもの自立支援
高橋亜美、早川悟司、大森信也著　◎1600円

ソーシャルペダゴジーから考える施設養育の新たな挑戦
マーク・スミス、レオン・フルチャー、ピーター・ドラン著
楢原真也監訳　◎2500円

ワークで学ぶ 子ども家庭支援の包括的アセスメント
要保護・要支援・社会的養護児童の適切な支援のために
増沢高著　◎2400円

思春期からの子ども虐待予防教育
保健・福祉・教育専門職が教える、親になる前に知っておいてほしいこと
森岡満恵著　◎2000円

子ども虐待とスクールソーシャルワーク
チーム学校を基盤とする「育む環境」の創造
西野緑著　◎3500円

児童相談所改革と協働の道のり
子どもの権利を中心とした福岡市モデル
藤林武史編著　◎2400円

児童相談所一時保護所の子どもと支援
子どもへのケアから行政評価まで
和田一郎編著　◎2800円

子育て困難家庭のための多職種協働ガイド
地域での専門職連携教育（IPE）の進め方
ジュリー・テイラー、ジュン・ソウバーン著　西郷泰之訳　◎2500円

子どもの権利ガイドブック【第2版】
日本弁護士連合会子どもの権利委員会編著　◎3600円

子どもの虐待防止・法的実務マニュアル【第6版】
日本弁護士連合会子どもの権利委員会編　◎3000円

〈価格は本体価格です〉

3000万語の格差

赤ちゃんの脳をつくる、親と保育者の話しかけ

ダナ・サスキンド 著

掛札逸美 訳　高山静子 解説

■A5判／並製／272頁　◎1800円

算数や国語の学力、粘り強さ、自己制御力、思いやり……。生まれた瞬間から最初の数年間に、親や保育者が子どもとどれだけ「話したか」ですべてが決まる。日本の子育て、保育が抱える課題とその解決策を、科学的な裏づけと著者自身の具体的な実践から示した書。

●―― 内容構成 ――●

第1章　つながり：小児人工内耳外科医が社会科学者になったわけ

第2章　ハートとリズリー：保護者の話し言葉をめぐる先駆者

第3章　脳の可塑性：脳科学革命の波に乗る

第4章　保護者が話す言葉、そのパワー：言葉から始めて、人生全体の見通しへ

第5章　3つのT：脳が十分に発達するための基礎を用意する

第6章　社会に及ぼす影響：脳の可塑性の科学は私たちをどこへ導くのか

第7章　「3000万語」を伝え、広げていく：次のステップ

エピローグ　岸に立つ傍観者であることをやめる

解説　子どもの言葉を育む環境づくり［高山静子］

訳者あとがき［掛札逸美］

社会情動的スキル

学びに向かう力

経済協力開発機構（OECD）編著

ベネッセ教育総合研究所　企画・制作

無藤隆、秋田喜代美　監訳

荒牧美佐子、都村聞人、木村治生、高岡純子、真田美恵子、持田聖子　訳

■A5判／上製／224頁　◎3600円

現代の社会において成功した人生を歩むためには、バランスのとれた認知的スキルと社会情動的スキルが鍵となる。本書は、人生の成功に結びつく社会情動的スキル（あるいは非認知的スキル）を特定し、そうしたスキルを育成するための方策を整理する。

●―― 内容構成 ――●

第1章　今日の世界における教育とスキルの役割

第2章　学習環境、スキル、社会進歩：概念上のフレームワーク

第3章　人生の成功を助けるスキル

第4章　スキル形成を促進する学習環境

第5章　社会情動的スキルを強化する政策、実践、評価

付録5A　社会情動的スキルの育成に向けた取り組み：
　　　　教育制度の目標とスキルフレームワーク（国・地域別）

第6章　社会情動的スキルを育む方法

〈価格は本体価格です〉

「体を動かす遊びのための環境の質」評価スケール

保育における乳幼児の運動発達を支えるために

キャロル・アーチャー、イラム・シラージ 著
秋田喜代美 監訳解説
淀川裕美、辻谷真知子、宮本雄太 訳

B5判/並製 ◎2300円

本書は、これまでの認知的発達、社会情動的発達のための保育環境スケールではカバーできなかった、運動による身体発達面のスケールとして開発された。また、これら三領域を関連づけて、子どもの発達全体を包括的に捉えることができるように工夫されている。

● 内容構成 ●

【サブスケール1】身体の発達のためのカリキュラム、環境、道具や遊具　身体活動を促すための環境空間を作ること／可動式・固定式の設備・備品を含む道具や遊具を提供すること／粗大運動スキル／微細運動スキルを支える体の動き

【サブスケール2】身体の発達のためのペダゴジー　保育者が、屋外・屋内での子どもたちの運動にかかわること／屋内・屋外における身体の発達を観察し評価すること

【サブスケール3】身体活動と批判的思考を支えること　子どもたちの動きに関する語彙を支え、広げること／ともに考え、深めつづけること）を支えること／屋内・屋外で子どもたちの好奇心や問題解決を支えること／コミュニケーションをとり、相互にかかわることで、「ともに考え、深めつづけること」を支えること

【サブスケール4】保護者と保育者　子どもたちの身体の発達と彼らの学び、発達・健康は、はぐくまれるものについて保育者が家庭に伝えること

【座談会】日本の保育現場で本書の知見をどう活かすか
〈安家周一×楢田ゆかり×松嵜洋子〉

【解説】「体を動かす遊びのための環境」の社会文化的文脈〈秋田喜代美〉

エピソードで学ぶ 子どもの発達と保護者支援

発達障害・家族システム・障害受容から考える

玉井邦夫 著

四六判/並製/240頁 ◎1600円

保育士に求められる保護者支援で大切にしたいことは何なのか。発達障害や虐待といった、子どもと家族を取り巻くさまざまな要因の中で、子育てに関する課題意識を保護者と共有し上手に役割分担していくためのヒントを、豊富なエピソードを交えてわかりやすく描く。

● 内容構成 ●

第1章　子どもを支えること　保護者を支えること
第2章　ひとまとまりの生き物としての家族
第3章　発達障害をどうとらえるか
第4章　家族の発達が歪むということ
第5章　子どもの障害を受け容れていく——障害受容の重要性と支援
第6章　子どもとの関わりのモデルになる
第7章　機関連携の中での保護者支援

「保育プロセスの質」評価スケール

乳幼児期の「ともに考え、深めつづけること」と「情緒的な安定・安心」を捉えるために

B5判／並製 ◎2300円

イラム・シラージ、デニス・キングストン、エドワード・メルウィッシュ 著
秋田喜代美、淀川裕美 訳

本書は、英国における保育の質と子どもの発達に関する縦断研究を踏まえて開発された、保育プロセスの質評価のための尺度である。日々の保育者と子どもたちとのやりとりを、質的に、きめ細やかに捉えようとする内容であり、保育の現場で活用できるよう工夫されている。

■内容構成■

【サブスケール1】信頼、自信、自立の構築——自己制御と社会的発達／子どもの選択と自立の支援／小グループ・個別のかかわり、保育者の位置取り
【サブスケール2】社会的、情緒的な安定・安心——社会情緒的な安定・安心
【サブスケール3】言葉・コミュニケーションを支え、広げる——子ども同士の会話を支えること／保護者が子どもの言葉を聴くこと、子どもが他者の言葉を聴くように支えること／子どもの言葉の使用を保育者が支える／迅速で適切な応答
【サブスケール4】学びと批判的思考を支える——好奇心と問題解決の支援／お話・本・歌・言葉遊びを通した(ともに考え、深めつづけること)／調べること／概念発達と高次の思考の支援／学びと批判的思考を支援
【サブスケール5】学び・言葉の発達を評価する——(ともに考え、深めつづけること)広げるための評価の活用／代表的な保育の質評価スケールの紹介と整理／日本での保育環境評価
【解説】保育の質的評価尺度ECERS-Rとの関係および日本での保育環境評価スケール美／実践からの示唆(埋橋玲子)／日本の保育実践の質のさらなる向上への示唆(秋田喜代美)

育み支え合う 保育リーダーシップ

協働的な学びを生み出すために

B5判／並製 ◎2400円

イラム・シラージ、エレーヌ・ハレット 著
秋田喜代美 監訳解説 鈴木正敏、淀川裕美、佐川早季子 訳

保育の質の向上に重要な意味をもつリーダーシップとは何なのか。実証的なエビデンスに基づく本書では、とくに分散・共有型のリーダーシップに注目し、これを園で実行していくための実践のあり方を紹介する。巻末に日本の現場に合った活用法を考える座談会を収録。

■内容構成■

パート1 保育におけるリーダーシップ
イントロダクション／第1章 保育におけるリーダーシップ——保育の文脈／第2章 保育におけるリーダーシップ——研究から見えるもの
パート2 保育における効果的なリーダーシップ
イントロダクション／第3章 方向づけのリーダーシップ——共通のビジョンをつくり上げること／第4章 方向づけのリーダーシップ——効果的なコミュニケーション／第5章 協働的なリーダーシップ——チーム文化の活性化／第6章 協働的なリーダーシップ——保護者の協働を促す／第7章 エンパワメントするリーダーシップ——主体性を引き出す／第8章 エンパワメントするリーダーシップ——学びをリードする／第9章 教育的なリーダーシップ
10章 教育の過程／第11章 リーダーシップの物語／文献／座談会 日本の保育現場で本書の知見をどう活かすか(安達譲×佐々木美緒子×丸山智子)／解説 日本の保育界に本書がもたらす可能性(秋田喜代美)
パート3 省察的リーダーシップ
イントロダクション／第9章 教育的なリーダーシップ——省察的な学びをリードする／第

〈価格は本体価格です〉

シリーズ 学力格差

【全4巻】

志水宏吉【シリーズ監修】

◎A5判／上製／◎各巻 2,800円

第1巻〈統計編〉

日本と世界の学力格差

国内・国際学力調査の統計分析から

川口俊明 編著

第2巻〈家庭編〉

学力を支える家族と子育て戦略

就学前後における大都市圏での追跡調査

伊佐夏実 編著

第3巻〈学校編〉

学力格差に向き合う学校

経年調査からみえてきた学力変化とその要因

若槻健、知念渉 編著

第4巻〈国際編〉

世界のしんどい学校

東アジアとヨーロッパにみる学力格差是正の取り組み

ハヤシザキ カズヒコ、園山大祐、シム チュン・キャット 編著

〈価格は本体価格です〉

シリーズ 子どもの貧困
【全5巻】

松本伊智朗【シリーズ編集代表】

◎A5判／並製／◎各巻 2,500円

① 生まれ、育つ基盤
子どもの貧困と家族・社会
松本伊智朗・湯澤直美 [編著]

② 遊び・育ち・経験 子どもの世界を守る
小西祐馬・川田学 [編著]

③ 教える・学ぶ 教育に何ができるか
佐々木宏・鳥山まどか [編著]

④ 大人になる・社会をつくる
若者の貧困と学校・労働・家族
杉田真衣・谷口由希子 [編著]

⑤ 支える・つながる
地域・自治体・国の役割と社会保障
山野良一・湯澤直美 [編著]

〈価格は本体価格です〉

保育政策の国際比較

子どもの貧困・不平等に世界の保育はどう向き合っているか

ルドヴィクァ・ガンバロ、キティ・スチュワート、
ジェーン・ウォルドフォーゲル 編著

山野良一、中西さやか 監訳

大野歩、鈴木佐喜子、田中葵、南野奈津子、森恭子 訳

■A5判／並製／336頁 ◎3200円

近年、世界各国で保育・幼児教育の推進は重要な政策課題であり、特に貧困によって社会的排除されがちな子どもの育ちを保障する「質の高い保育」に注目が集まっている。本書は欧米8カ国の保育政策を概観することを通して、日本が抱える保育問題を照射する。

●───内容構成───●

第1章　はじめに
第2章　イギリス　保育・幼児教育への平等なアクセスは保証されているのか？
第3章　ノルウェー　普遍的で質の高い乳幼児期の保育をめざして
第4章　フランス　質が高く費用負担の少ない保育・幼児教育システムについての教訓
第5章　オランダ　質の高い保育への平等なアクセス
第6章　ドイツ　保育・幼児教育におけるアクセスと質をめぐる問題
第7章　ニュージーランド　乳幼児期の教育とケアに対する政策の転換に関する1つの解説
第8章　オーストラリア　乳幼児期の教育と保育：混合市場体制における公正とは？
第9章　アメリカ　低所得の子どもに対する質の高い幼児教育と保育の提供
第10章　共通した政策上の課題および教訓

OECD保育の質向上白書

人生の始まりこそ力強く：ECECのツールボックス

OECD 編著

秋田喜代美、阿部真美子、一見真理子、
門田理世、北村友人、鈴木正敏、星三和子 訳

■A4判変型／404頁 ◎6800円

すべての子どもに良質の乳幼児期の教育とケア（ECEC）を提供するためには、どうすればよいのか。OECDによる国際比較調査をもとに、カリキュラムと学習基準、保育従事者の環境整備・家庭と地域社会の関与、調査研究などの視点から、政策課題を整理する。

●───内容構成───●

序文
日本語版への序文
「質のツールボックス」の使用法
政策レバー1　質の目標と規制の設定
政策レバー2　カリキュラムと学習基準のデザインと実践
政策レバー3　資格、養成・研修、労働条件の改善
政策レバー4　家庭と地域社会の関与
政策レバー5　データ収集、調査研究、モニタリングの推進
付録　OECD・ECECネットワークメンバー／貢献者名簿
日本語版あとがき

〈価格は本体価格です〉